HIJIKATA TATSUMI
PENSAR UM CORPO ESGOTADO

HIJIKATA TATSUMI
PENSAR UM CORPO ESGOTADO

TÍTULO ORIGINAL *Hijikata Tatsumi – Penser un corps épuisé*

Kuniichi Uno

© Les presses du réel, 2017
© n-1 edições, 2018

Embora adote a maioria dos usos editoriais do âmbito brasileiro, a n-1 edições não segue necessariamente as convenções das instituições normativas, pois considera a edição um trabalho de criação que deve interagir com a pluralidade de linguagens e a especificidade de cada obra publicada.

COORDENAÇÃO EDITORIAL Peter Pál Pelbart
    e Ricardo Muniz Fernandes
ASSISTENTE EDITORIAL Inês Mendonça
TRADUÇÃO Christine Greiner e Ernesto Filho
REVISÃO TÉCNICA Fernanda Perniciotti
PROJETO GRÁFICO Érico Peretta
COLABORAÇÃO Hideki Matsuka
AGRADECIMENTOS Takashi Morishita
APOIO Keio University Art Center

A reprodução parcial deste livro sem fins lucrativos, para uso privado ou coletivo, em qualquer meio impresso ou eletrônico, está autorizada, desde que citada a fonte. Se for necessária a reprodução na íntegra, solicita-se entrar em contato com os editores.

1ª edição | Impresso em São Paulo | Junho, 2018

n-1edicoes.org

KUNIICHI UNO

HIJIKATA TATSUMI
PENSAR UM CORPO ESGOTADO

TRADUÇÃO Christine Greiner e Ernesto Filho

Para o meu butō, era preciso sentir a necessidade de qualquer coisa que se poderia chamar de corpo esgotado, arisco.

HIJIKATA TATSUMI

Fachada do Asubesuto-kan, 1985
© Tatsuruhama Yoichirō

Escada que levava ao primeiro andar, Asubesuto-kan, 1985
© Tatsuruhama Yōichirō

Corredor do vestíbulo, primeiro andar, Asubesuto-kan, 1985
© Tatsuruhama Yōichirō

Sala de Hijikata, no primeiro andar, Asubesuto-kan, 1985
© Tatsuruhama Yōichirō

13 Prefácio do autor
17 Nota para a edição brasileira
19 Breve apresentação *por Christine Greiner*

Perfis um pouco filosóficos

29 1. Gênese de Hijikata
39 2. Algumas questões
51 3. Livro da dança, livro da morte
62 4. A pantufa de Artaud segundo Hijikata
81 5. De um teatro vedado

Os enigmas de Hijikata

103 1. Até a *Revolta da carne*
125 2. Vanguarda ou tecnicismo?
144 3. Ao lado de Nakanishi Natsuyuki
162 4. O que aconteceu com Mishima
182 5. Antes da *Dançarina doente*
200 6. *Dançarina doente* ou os sintomas
226 7. Notas para uma teoria da dança

Ao longo do tempo

245 1. A morte e o dançarino
248 2. Àquele que não parou de dançar
252 3. Como comer uma melancia
254 4. As palavras e o desumanismo

261 **Obras de Uno Kuniichi**

Prefácio do autor

Um livro de reflexão sobre um tema deveria ser coerente, legível, compreensível, linear e bem construído. Este livro gostaria de ter sido tudo isso, mas, sem dúvida, muitas razões o impediram. Para começar, o nosso tema, Hijikata Tatsumi, é um caos, intransigente e implacável. De fato, eu nunca pensei que poderia "fazer um livro" sobre ele. Um livro coerente, bem construído, já me parecia impossível de escrever caso eu fosse fiel a tudo o que havia captado através de meus encontros com ele, seus escritos e documentos, incluindo as imagens registradas de sua dança. Isso não me impediu de escrever muitas vezes sobre ele. Eu tinha necessidade. É como se as impressões e textos de Hijikata me incitassem a fazê-lo. Mas, sobretudo, eu queria me esgueirar até o fundo (se é que isso existe) daquilo que foi proposto através de *Dançarina doente* (*Yameru Maihime*)[1] – este livro único que faz parte do legado que o criador do butō nos deixou.

Os primeiros ensaios de "Perfis um pouco filosóficos" e os últimos de "Ao longo do tempo" foram escritos no decorrer dos trinta anos que sucederam a morte do dançarino. Decidi, enfim, recuperá-los sob o título de "Os enigmas de Hijikata". Aí está tudo que pensei sobre ele e aquilo que foi inspirado por ele. Para mim, foi um modo de descobrir relações (e não continuidades) entre todas as impressões que recebi e que permaneceram intuitivas, dispersas, intermitentes. Eu me esforcei para refletir também sobre as pesquisas em torno da sua dança, que havia ficado para mim como um "enigma" e que vi apenas em imagens e, é claro, no seu modo de falar de dança e no que se passava entre a dança e as palavras.

Também enfrentei o problema da sua mudança radical no começo dos anos 1970 (momento em que ele deixa a cena), e aquele da ruptura com

---

[1] Optamos por traduzir os títulos dos textos japoneses, seguidos por sua transliteração entre parênteses na primeira ocorrência de cada capítulo. A transliteração dos termos japoneses foi romanizada de acordo com a versão em francês do livro. Os nomes próprios seguem a convenção da ordem japonesa, primeiro o sobrenome e depois o nome. [N.T.]

muitas coisas coexistentes com a continuidade de suas pesquisas, que seguiram, apesar de tudo.

Eu fui profundamente inspirado pelas obras de Gilles Deleuze e Antonin Artaud – algumas traduzi para o japonês e reli muitas vezes sob diferentes perspectivas. Cheguei a discutir com o próprio Hijikata sobre Artaud. E ele relançou em meu país, sob vários aspectos, a pesquisa que havia inspirado Artaud na França. Assim, publicar este livro inicialmente em uma editora francesa foi uma ótima ocasião para retribuir tantas coisas que devo a essa cultura, a autores que me marcaram tanto e à própria língua francesa – que sempre me exacerbou, me inspirou e me excitou – enquanto que, ao falar japonês, costumo me tranquilizar, me arrastar, me imunizar.

Mas retorno ao essencial do livro. Como sempre acontece com os criadores fundamentais, também no caso de Hijikata apareceram inevitavelmente os fantasmas, os mal-entendidos, os clichês, as recuperações simplistas, as idolatrias falsificadoras e as escavações acadêmicas. Eu não pretendo oferecer uma imagem real ou autêntica desse criador de uma nova dança no Japão. A meu ver, seus enigmas habitam outros enigmas. E no fundo, eu quis me desafiar neste livro a registrar o tom comovente da sua voz, seu olhar que vigiava as coisas, seu sorriso que roçava como uma manta de névoa, porque foi assim que ele experimentou e filosofou sobre tudo, à sua maneira.

Quanto à constelação filosófica conceitual entre Artaud, Deleuze e Hijikata em torno do "corpo sem órgãos", entre outros termos, resta certamente um longo e consistente estudo a fazer. Eu me preocupei em seguir uma parte sem esgotar o tema. O "corpo sem órgãos" era uma das principais problemáticas de Artaud, que Deleuze e Guattari elaboraram conceitualmente depois dele. É uma problematização inesquecível para a questão do corpo e em relação à qual se coloca a crítica da dicotomia corpo-mente e daquilo que é constitutivo ao corpo e que sempre me pareceu insuficiente. Se o corpo não é um objeto ou um conjunto de órgãos, ele aparece imediatamente como questão fundamental daquilo que é a vida e a vitalidade. Os dançarinos sabem melhor que os outros por que o corpo é sem órgãos, indivisível, inoperante, imperceptível. Eu queria ter ainda a força para refletir nessa direção de uma maneira mais consistente e essencial.

Eu pude me lançar neste trabalho graças aos encorajamentos de Bruno Fernandes, que tem se esforçado para manter viva a sua coleção – consagrada às vanguardas e à contra-cultura japonesa na França – da editora Les presses du réel. Neste livro, aparecem também fotos inéditas de Tatsuruhama Yōichirō, pintor que registrou momentos excepcionais de Hijikata durante os anos que precederam a sua morte.

Meus agradecimentos vão particularmente a Jocelyne Montpetit, dançarina que me convidou, pela primeira vez, para fazer conferências sobre Hijikata (em Montreal) e a Véronique Perrin, que sempre revisou com muita atenção meus textos de conferência em francês.

Os encontros presenciais com os brasileiros também me inspiraram muito a fazer este livro. Dançarinos como Marcelo Evelyn, Vera Sala, Wagner Schwartz, Lia Rodrigues e os atores da Cia. Teatral Ueinzz. Além deles, Éden Peretta, que organizou conferências e diálogos em Ouro Preto, os organizadores e estudantes de Campinas, da Bahia e do Rio de Janeiro que me convidaram. Anna Kieffer, com quem troquei muito acerca de Antonin Artaud. E aqueles que se encarregaram da publicação deste livro no Brasil: Ricardo Muniz Fernandes, um grande apaixonado por butō, Érico Peretta e Hideki Matsuka, que conceberam o projeto visual, Christine Greiner, que me abriu as portas para o Brasil pela primeira vez e que traduziu este livro com a ajuda de Ernesto Filho e Peter Pal Pélbart, cujo pensamento filosófico me evoca sempre uma profunda simpatia. Eu agradeço a todos. Certamente este livro foi realizado entre vozes e olhares múltiplos, sonhando com uma comunidade sem forma, inoperante, mas sensível.

UNO KUNIICHI | TŌKYŌ | PRIMAVERA 2017

Nota para a edição brasileira

Visitei o Brasil pela primeira vez em setembro de 2006. Minha "missão", se é que havia uma, era falar de Hijikata Tatsumi do ponto de vista de meus pensamentos filosóficos. A partir dessa ocasião, praticamente comecei a "frequentar" este país, reformulando a cada vez minhas propostas e reflexões através dos encontros sempre calorosos e impressionantes. Para mim, esses foram momentos preciosos para descobrir e renovar os contextos dos meus pensamentos sobre diferentes temas que têm me preocupado há muito tempo, inspirados, sobretudo, pelas experiências singulares do corpo e pela vitalidade não raramente acompanhada por estados-limite de crise no pensamento e na linguagem. A leitura desde a minha juventude de Antonin Artaud também surgiu muitas vezes, pois sempre me marcou profundamente.

O Brasil é a primeira terra, fora da Europa, dos Estados Unidos e da Ásia, que conheci intimamente, através das amizades essenciais e dos contatos atenciosos com professores, artistas, dançarinos e organizadores. Os fluxos e os sopros circulam aí. Tenho a impressão de uma vitalidade que transborda e uma enorme abertura. Uma espécie de figueira que, por vezes, parece "estranguladora" e a qual vi em São Paulo desde a minha primeira visita, acompanhada da sensação de uma vitalidade estranhamente intensa. É como se o tronco e as raízes se confundissem, se entrelaçando e gritando silenciosamente. Comparo essa impressão de enorme vitalidade àquela de *A náusea* de J. P. Sartre, através da qual o existencialismo descobre, bem frigidamente, o ser sem essência diante da visão das raízes de um castanheiro.

Este livro, que escrevi em japonês e depois em francês, será lido em português necessariamente em outro contexto, em uma outra atmosfera. Será que ele disseminará qualquer coisa de inesperado e inimaginável?

De todo modo, isso é algo que o autor, se é que ele existe mesmo, jamais poderá saber, ainda que o deseje.

UNO KUNIICHI | TŌKYŌ | 10 DE MARÇO 2018

Breve apresentação

É sempre um desafio traduzir os textos de Uno Kuniichi. Eu tive uma experiência prévia com seu primeiro livro publicado em português, *A gênese de um corpo desconhecido* e em palestras e conversas que traduzi oralmente, de modo informal. No entanto, nada se compara a este seu livro sobre Hijikata, que consegui traduzir graças à ajuda fundamental de Ernesto Filho e do próprio Kuniichi que, durante o processo, me ajudou com as partes mais nebulosas referentes às intrigantes citações de Hijikata.

Kuniichi conta que, para ele, também não foi nada fácil. Há muitas camadas de memórias que se atravessam e, por vezes, se confundem (no bom sentido). Estas me remeteram a uma espécie de ritornelo de sonoridades, palavras, pensamentos e imagens que vão e voltam, desterritorializando-se sucessivamente.

Se o livro se constrói em torno de algumas repetições, foi absolutamente fundamental mantê-las porque, assim como propunha Deleuze, não são reproduções do mesmo, mas potências da diferença e um processo de condensação de singularidades que nada tem a ver com o alinhamento óbvio de regularidades.

A maioria dessas repetições aparece relacionada a *Dançarina doente* (*Yameru Maihime*) – o livro que Hijikata escreveu antes de morrer, em torno das percepções de sua terra natal no nordeste do Japão, de sua dança, de suas memórias e tantos outros temas que vão surgindo de maneira nada pedagógica ou linear.

Kuniichi está mergulhado nesta narrativa caótica há muitos anos, deixando-a tomar conta da sua própria escrita em diversos momentos. Trata-se de um fluxo do passado presentificado e não de recordações em busca daquilo que se foi (infância, por exemplo). É o devir-criança na perspectiva do corpo em seu estado presente que dá vida à narrativa de Hijikata, e é o devir-butō que alimenta a sua escrita poética. Assim, emerge um certo ritmo que pulsa na voz de Hijikata, impregnada nas leituras de Kuniichi e de tantos outros autores e artistas convocados indiretamente a fazer parte deste livro.

É evidente que a leitura desta pesquisa interessa a todos que gostariam de saber mais sobre a história de Hijikata e do butō em seus primórdios. No entanto, não me parece que o livro se restrinja a isso, embora traga, sem dúvida, muitas informações inéditas para os leitores de língua portuguesa.

A pista está, a meu ver, no próprio título: "pensar um corpo esgotado". Trata-se de um corpo que sempre negou a ação política, mas nem por isso deixou de ser um ativista das políticas da vida. É um corpo doente que insiste em criar. Um corpo sem órgãos que recusa a extinção.

Nesse sentido, o interesse pela leitura deste livro extrapola o butō como técnica de dança ou modelo estético, como acabou sendo habitualmente banalizado após a morte de Hijikata. Trata sobretudo da experiência de um artista, lida por um filósofo que parece buscar modos singulares para desafiar tudo aquilo que está habituado, conformado, amortecido...

Através de movimentos, imagens e palavras, instaura-se um estado de precariedade extrema que anuncia aquilo que uma vida pode provocar e ativar, mesmo depois de ter partido deste mundo.

Butō habita, hoje, os territórios oníricos daqueles que ousam revisitá-lo e costuma assombrar os que mergulharam mais profundamente em suas questões. Kuniichi é uma dessas vítimas de Hijikata, mas, para nossa sorte, ele se distingue da maioria ao optar por não compartimentar o butō em nenhum tipo de classificação ou gênero artístico fechado em si mesmo. Ao invés disso, lança deliberadamente os seus movimentos para os penhascos e abismos que estão a nossa volta (e dentro de nós).

Butō não é uma rede de proteção, muito menos um abrigo. Está mais próximo de uma certa percepção ambígua dos riscos que podem, ao mesmo tempo, colocar tudo a perder ou garantir a insurreição de nossos sonhos.

CHRISTINE GREINER

Curso de butô, cena de workshop no Asubesuto-kan, 1985
© Tatsuruhama Yōichirō

Perfis um pouco filosóficos

Curso de butō, cena de workshop
no Asubesuto-kan, 1985
© Tatsuruhama Yōichirō

1. GÊNESE DE HIJIKATA

Os textos de Hijikata foram retomados após a sua morte em um livro intitulado *Belo céu azul* (*Bibō no aozora*). Nessa coletânea de textos, ele expunha aos seus contemporâneos pensamentos intensos e provocantes que, apesar da passagem do tempo, não perderam nada de seu brilho nem de sua força. Em *Para a prisão!* (*Keimusho e*), ele propõe, por exemplo, uma "dança criminosa" ao citar Genet e Bataille. Proclama "o uso inútil do corpo sem objetivo" contra a "alienação do trabalho". Invoca o crime, a homossexualidade, a festa, e projeta uma revolução através da dança como tentativa de ultrapassar a descontinuidade do ser isolado e protegido.

> É significativo apresentar, nos dias de hoje, um trabalho histérico sobre o palco. Temos o direito de exigir que a atualidade se afirme com mau gosto e ruídos que são praticamente matéria bruta, mortificações sublimes do crime, rostos indiferentes resistindo à tortura, a juventude de posse de uma vitalidade que não faz sentido, ou puras desesperanças evadidas antes que suas esperanças tenham sido destruídas. Minha tarefa é organizar tudo isso com um grupo de dançarinos e torná-los soldados nus.[1]

Hijikata explica, num estilo afiado e intenso, o que está em jogo em sua dança. Muitos sabem, hoje, sobre a maneira como ele realizou suas experiências com intransigência e audácia. Ao citar Marcuse e Sartre, ele, às vezes, situava seu corpo e sua dança na corrente vanguardista e de revolta dos anos 1960–1970 e, assim, continuava a elaboração de seu pensamento e estilo singulares. Suas palavras densas, repletas de torsões, saltos e maneirismos, adquiriram uma velocidade e elasticidade excepcionais na época.

---

[1] "Para a prisão!" in *Obras completas* (*Zenshū*), t. 1. Tōkyō: Kawade Shobō Shinsha, 2005, p. 201.

Tudo isso resultou numa *Revolta da carne* (*Nikutai no hanran*)[2] que será o título de sua célebre apresentação, em 1968. Certamente, ele pertenceu a essa causa revolucionária solidário a vários artistas e intelectuais de diversas áreas de seu período. Essas exigências revolucionárias não correspondiam apenas à consciência desperta por uma profunda transformação da estrutura sócio-histórica. Elas estavam também enraizadas numa dimensão mais existencial e corporal. Hijikata foi uma das pessoas que conseguiu explicitar essa dimensão de uma maneira singularmente intensa.

> A transformação da sociedade poderá se realizar apenas com armas que sonham e desprezam a pobreza da política.[3]

Ele opôs seu ser-corpo à civilização moderna, ao capitalismo, à política e mesmo à democracia. No entanto, se lermos um pouco mais atentamente seus escritos, vemos que seus pensamentos intensos, que se engajam às revoltas contemporâneas, revelam, concomitante, um aspecto no qual ele está, de alguma maneira, isolado de seus contemporâneos por uma motivação mais profunda.

Isso tudo é para dizer que o que impulsionou Hijikata à linha de frente da revolta foi, simultaneamente, algo excessivo, que poderia isolá-lo das correntes contemporâneas. O excesso surgia como signo da época, mas aquilo que era excessivo em Hijikata também excedia o momento e corria o risco de apartá-lo. Hijikata era, sem dúvida, ao mesmo tempo generoso e perverso para regozijar dessa situação aporética e, apesar de tudo, sentia esse impasse e se exauria por ele. Isso explica, ao menos parcialmente, por que parou de aparecer em cena como dançarino e concentrou-se unicamente na direção e na coreografia a partir do início dos anos 1970.

---

2 O título exato da coreografia é *Hijikata Tatsumi e os japoneses – Revolta da carne* (*Hijikata Tatsumi to Nihonjin – Nikutai no hanran*).

3 Op. cit., p. 203.

Hijikata concebeu e tentou uma revolução através de uma dança (butō). Nessa época, no Japão, várias mentes conceberam diferentes revoluções motivadas por incontáveis causas sem sucesso. Para a revolução concebida por Hijikata, a carne era a causa e o propósito – uma percepção e uma compreensão singularmente lúcidas da carne. Diante dessa causa (carne), a política parecia muito pobre. De fato, Hijikata era muito desconfiado a respeito da política, com todos seus sistemas e suas instituições de mistificação, camuflagem, exclusão, alienação, relações de força... até mesmo para desejar conceber uma outra saída. Houve muitos debates, à ocasião, em torno da democracia direta, da autogestão, da revolução cultural, da crítica dos privilégios dos intelectuais. O direito do corpo era também uma das problemáticas. Mas qual seria a posição do corpo? Como colocar o problema do corpo? A liberação sexual e o erotismo também faziam parte do desafio revolucionário. A juventude das cidades havia lido muitos livros ocidentais traduzidos e foi certamente inspirada por eles. E Hijikata, é claro, encontrava-se também nesse tumulto contextual, mas de maneira bem diferente.

A carne e a terra natal podiam ser questões importantes por uma revolução cultural no Japão, naquele período. Penso, por exemplo, na singularidade de Fukazawa Shichirō, que escreveu *A balada de Narayama* (*Narayama bushikō*, 1957). A fixação de Hijikata por sua terra natal é também evidente e profunda. Sua inspiração fundamental encontrava-se no tempo vivido de sua infância num vilarejo onde as lembranças cotidianas misturavam-se a todos os tipos de impressões da natureza dessa zona rural ao nordeste do Japão. Ao mesmo tempo, inspirou-se em Sade, Bataille e Genet por conta do erotismo perverso e de uma filosofia que girava em torno do corpo. A dicotomia que se coloca entre Ocidente e Oriente, espírito e corpo, cidade e campo não tem espaço no pensamento de Hijikata. Suas inspirações vindas dos autores mais inquietantes da literatura francesa continuaram manifestas. O que importava era como reviver e redescobrir uma carne que estivesse aberta como a linguagem que, simultaneamente, ele forjava. A carne, a natureza, o erotismo, a perversidade, a resistência, tudo isso constituía seu problema, assim como para muitos outros naquela época.

No entanto, ele inventou seu jeito próprio de colocar e viver essas questões, de uma maneira ao mesmo tempo singular e necessária. A gênese de seu corpo se encontra na natureza de sua terra natal, sempre presente, através de uma luz ofuscante e um vento extenuante, de sombras invisíveis e do mofo imperceptível de suas lembranças, principalmente no nível dos sentidos.

Ele elaborou as palavras para encontrar essa gênese e, sem dúvida, abri-la em uma outra dimensão comunicativa. Além disso, valeu-se da poesia contemporânea e do surrealismo, trabalhando a linguagem e explorando todas as torsões sutis de um japonês repleto de paradoxos, saltos e trocadilhos. O seu objetivo não era se tornar um poeta. Ao invés disso, ele queria torturar as palavras e explorar o sentido e as frases deformadas a fim de abrir os sentidos e o corpo.

Hoje em dia tentamos em vão dançar dando ordens ao próprio corpo.

Deveria haver uma outra maneira de dançar... Era necessário, antes de tudo, aguçar o corpo com a dança e transformá-lo numa arma.

Numa idade ingrata, escolhi ser dançarino com a vontade de possuir algo muito rígido e acreditei que a dança alemã era a mais rígida, o que me trouxe até aqui hoje. Era como se o corpo inteiro se transformasse numa arma perigosa, como se os nervos fossem rompidos por um certo movimento e sua música começasse a acompanhar a dança, o sexo não mais enferrujasse, como um ácido inoxidável inscrito num teatro que não mais lamenta a submissão. As articulações como varas, os passos como um molde, pelos que não crescem mais, apenas tremem ao vento de vez em quando, coagulados pelo verniz até o ponto em que é possível contá-los um a um, um tubo no

ânus, a maquiagem aperfeiçoada por uma gota de veneno, quando a carne   33
deve ser aplainada...[4]

Mas a fonte dessa dança foi certamente a terra.

Em 1938, nas regiões de monocultura do nordeste (Tōhoku), existia uma espécie de oclusão anal. O grito (das crianças) estava silenciado na cultura preservada. Esse grito é um acompanhamento importante de minha dança hoje. Foi um grito primitivo do qual eu posso rir, hoje, após doze anos de vida em Tōkyō. Eu saboreio esse grito e o fundo de gestos ritualizados através de minhas observações da vida cotidiana. Eu invento os passos moldados de nossos dias a partir da terra negra onde dançar não é voar. Meu mestre de dança é a terra negra do Japão que, na minha infância, me ensinou a desaparecer.[5]

Sob a pele de um corpo inorgânico, como uma arma metálica, sólida e fria, encontra-se a extensão de terra negra, onde dobram-se ventos e luzes, gritos e gestos da vida orgânica. Hijikata é uma quimera composta de dois elementos que sua escrita encarna e amalgama. Isso quer dizer que ele recusava o enraizamento daquele que não toma distância, que se fecha no peso sentimental e abstrato da terra natal, em um "vanguardismo" isolado dos tremores e vibrações que atravessam a pele e a terra. Corpo e alma sempre em excesso diante dessas duas posições estereotipadas, devido ao senso crítico preciso de Hijikata. Ele concebeu uma revolução ao mesmo tempo pela dança e por um trabalho rigoroso de refundição da arte da dança. Pode-se muito bem conceber uma dança revolucionária, mas a dança nela mesma permanece uma atividade arcaica, sempre executada em meio a festas e rituais, estilizada e elaborada em todos os lugares. O êxtase e o frenesi, seu estado de continuidade, são, com o

---

4 "Dança das trevas", ibid., p. 196.

5 Ibid., p. 202.

estilo e a forma, seu estado de descontinuidade. Para Hijikata, a dança está evidentemente do lado da desordem e da destruição, mas ele afirma igualmente uma inclinação paradoxal e ética; então, a dança torna-se uma ação ambivalente, concomitantemente construtiva e destrutiva, na qual as duas direções se alternam instantaneamente.

Um de seus ensaios, intitulado simplesmente "Retórica do jogo" (*Asobi no retorikku*), conseguiu cristalizar o ponto extremo desse pensamento paradoxal.

> A fragilidade é uma fada da precisão. Numa dança que joga com a quintes-sência da fragilidade, a estimulação que consiste em esquecer a humanidade introduz o estado no qual nos apaixonamos pelos seres abaixo dos homens. A possessão de uma força inumana, uma força infra-humana, vai até a paixão agressiva que pode extrair a psiquê do inorgânico. O que importa é que o pro-prietário dessa força seja o próprio corpo humano. O estado de que falo vai se desenvolver até uma forma de feitiço, na qual, no centro desse movimento, o possuidor da força, estando possuído e, sem renunciar a ligação, entre a fadiga e a distância, esconde o jogo que apaga o distanciamento com as coisas. O dançarino pega emprestada a força dos animais (garça, texugo, leão, coruja, abutre, outros animais domésticos), cujo desejo está diretamente conectado ao gesto e perfura todos os prodígios solitários ainda não revelados da criança.[6]

Hijikata conclui esse ensaio:

> Há um documento relatando que, na França, no ano de 1623, o Duque de Mamo compôs um "Balé da artrite" ao transformar seu mal de reumatismo em coreografia.[7]

6 "Retórica do jogo", ibid., p. 238.

7 A referência não foi encontrada, provavelmente se trata do Duque Henrique 1 de Saboia-Nemours [1572–1632].

Essa inspiração vai se juntar ao seu livro *Dançarina doente* (*Yameru Maihime*). Hijikata define a força inumana, ou aquela abaixo do homem, como fragilidade, e, para ele, o desafio da dança é, justamente, jogar com essa fragilidade. Os seres que encarnam tal fragilidade são mulheres, animais e crianças. Mas o Hijikata vanguardista e rebelde que concebeu uma revolução pela dança como violência, vitalidade nua, provocação, destruição, é outro Hijikata, diferente do que escreveu esse texto? Hijikata simplesmente amadureceu, abrandou e refinou-se?

Sem dúvida, ele não mudou, simplesmente desceu mais profundamente em sua revolta e continuou a observar e perfurar o corpo, o que o fez se solidarizar com o contemporâneo e, simultaneamente, se isolar.

A dança butō, para a qual a fragilidade forma o núcleo, é também denominada "errância". A dança, diferentemente da arquitetura ou da pintura (sem falar da literatura), dificilmente será fixada e conservada, e será dirigida apenas por uma "sugestão efêmera". As técnicas e os exercícios mais sofisticados não podem determinar o corpo. Essa arte que se encontra, inevitavelmente, em um tempo borrado e indeterminado, é dada especialmente pela errância do Universo. A fragilidade não é apenas o motor da dança. Aquilo que singulariza a dança é a fragilidade, e essa fragilidade é sempre revista, sempre procurada.

A dança é feita de gestos, de jogos, de atos que podem enganar os espectadores. Isso quer dizer que ela projeta suas operações sobre todas as coisas do Universo. Esse engano como razão da errância é sustentado e garantido por todas essas coisas. Não é certo que pela dança o homem se torne um com os outros e com a natureza para, então, realizar uma continuidade através da possessão ou do êxtase. Sem dúvida, apenas vagueamos ao conservar a consciência e o corpo em descontinuidade; então, a consciência, como luz que atravessa, está conectada à natureza e é capturada por ela. A fragilidade e a errância são termos pelos quais Hijikata define a diferença da carne e afirma seu ponto de vista sobre a humanidade e a natureza.

Essa visão da dança é resultado de um longo trabalho solitário e rigoroso para criar dança ou recriar a arte da dança. Ele tinha o hábito de recortar reproduções de pinturas e de guardá-las em seus cadernos, de seguir os traços de um pintor, de perceber e comentar o detalhe da imagem, daquilo que poderia fornecer motivos e materiais para sua dança. Encontravam-se, em sua coleção, pinturas De Kooning, Egon Schiele, Turner, Picasso, Delaunay, Da Vinci, Fujita, de pintores japoneses contemporâneos e, às vezes, ele comentava até pontos vagos e irregulares como nuvens ou a fumaça sobre a superfície de uma cerâmica chinesa ou os detalhes de um nu feminino, rasgado e esgarçado entre as cores fortes de De Kooning. Ao comentá-los, usava descrições como: "fixar para derreter", "fixar e derreter", "ligação à superfície", "há uma abundância de rostos no *dotera*[8] e o movimento que segue uma outra corporificação os agarra".

É difícil determinar o que todo esse trabalho trouxe para a criação de sua dança. De qualquer maneira, diante dessas imagens e figuras, ele observava a gênese da forma e da "errância" do corpo e dos gestos. Ele retraçava através de sua própria mão essa gênese, por isso cortava, cercava, decompunha e recompunha as formas como um exercício singular da dança. É como se tivesse seguido a lição de Da Vinci, segundo a qual nós podemos fazer o exercício da forma ao observarmos as manchas insignificantes sobre uma parede – ao decompor e recompor essas formas, ao descobrir o frágil no sólido e ao descobrir como consolidar aquilo que não passa de fragilidade.

Uma forma constitui o contorno ou o limite de um objeto, mas esse contorno não cessa de oscilar. Há sempre troca, osmose, interferência. Assim, a ideia de revolução baseada no corpo pode ser apenas paradoxal uma vez que o corpo é mais arcaico e mais inalterável que a mente. Mas Hijikata era muito sensível ao poder da mente e das ideologias que reprimem o corpo; e à política, à gestão e à moral que enclausuram o

---

8 *Dotera* é um kimono acolchoado que se usa em casa. [N.T.]

corpo com todos seus dispositivos. No Japão do pós-guerra, havia todas as máquinas desejantes que, nesse momento, começavam a se exprimir. As grandes cidades eram os lugares onde o desafio político era como governar corpo e desejo, violência e erotismo. Hijikata, inspirado por Genet, Lautréamont e Sade, tinha uma imagem perversa e vanguardista do corpo surreal, mas possuía também o sentido do corpo fiel às memórias da infância plenamente constituídas como interferência incessante entre a terra natal e a carne. A revolução tinha sido concebida como revolta da carne, do desejo e da liberdade do corpo, um pouco como em vários outros lugares do mundo. Hijikata provocador, excessivo, certamente compartilhava a inspiração dessa revolta, mas não podia se situar exatamente sobre o mesmo plano. Ele também era extremamente sensível ao que acontecia no corpo, àquilo que pode o corpo, às mudanças que o corpo pode realmente realizar. Esse pensamento e essa experiência podem ser situados em uma dimensão que ultrapassa largamente aquela do corpo e da dança.

Dançarina doente foi uma resposta precisa a todas essas questões que Hijikata se colocava desde o início. Ele já havia escrito ensaios em estilos formais, experimentais, para examinar, criticar, provocar e afirmar a dança. Mas *Dançarina doente* foi o único livro inteiramente concebido, refletido; não é um romance nem uma narrativa da infância, tampouco uma teoria da dança ou um longo poema, embora seja singularmente poético do início ao fim. O assunto é quase inteiramente a infância vivida num vilarejo da região de Akita. Mas nunca se trata de episódios familiares sentimentais, não aparece quase nenhum nome, nenhuma pessoa específica, nem pai, nem mãe, nem amigo... Encontramos apenas insetos, fungos, pequenos objetos no interior e exterior da casa. O que conta é a descrição sem fim de pequenas sensações ou percepções de tudo o que tocava ou penetrava o corpo da infância. A prosa parece ilegível, pois é singularmente fiel ao tempo no qual os sentidos e as percepções se empilham e flutuam em turbilhão. Podemos ler esse livro como um longo poema, mas cada palavra e cada frase – sem insistir em sua estética – são precisas e se submetem a uma busca contínua até o fim.

> Uma pessoa adoentada, quase sempre deitada, gemia num canto obscuro da casa. Um hábito como o de relaxar sobre o tatame, o corpo como um peixe parece ter sido aprendido em uma aula dada por essa dançarina doente. Seu corpo aparecia nos contornos parecendo realizar o gesto da reza, mas ele era alcançado pela escuridão como se houvesse se reconstituído após uma lágrima.[9]

Nesta passagem, Hijikata mostra de onde vem o título do livro e sugere que este também existe para reafirmar o fundamento de sua dança (butō). Ele não cessa de descrever as micropaisagens e os micromovimentos, mas estes não são simplesmente memórias da infância. Ele restitui o corpo dançando nas interferências universais entre o turbilhão da natureza e o movimento do corpo, ao refazer a gênese da dança. Para este dançarino--criança não existe fronteira entre o eu e o outro.

Vida e morte, luz e sombra se alternam, se esfregam no corpo atordoado da infância. Ele corre, se agacha e, nesse tempo, observa seu corpo e joga com ele. Ele se mistura com os doentes, os deficientes, com as mulheres infelizes e sofredoras e todos os outros. Nostálgico, reencontra a solidão. Não se trata, portanto, de um relato da memória. Não é um adulto que reconta sua infância, seu passado. Tudo é presente e tudo se passa ao mesmo tempo. Por isso, o adulto é, simultaneamente, a criança. É como se a criança em Hijikata chutasse seu adulto e dispersasse a ilusão do tempo – essa ordem ilusória do passado e do presente.

---

9 "Dançarina doente", ibid., p. 18.

2. ALGUMAS QUESTÕES

1) Estranhamente estático

Hijikata era conhecido por sua maneira de falar, e não apenas sobre dança. Isso porque seu discurso frequentemente a excedia. Mas tudo aquilo que ultrapassava acabava retornando à dança e nunca cessava de inspirá-la. Assim, não é possível interrogar sobre seus métodos ou mesmo suas técnicas de dança sem obter uma resposta imprecisa que coloca sempre novas questões.

No início de sua carreira, Hijikata escreveu uma sinopse de uma coreografia para estudantes de escolas de ensino médio:

> A) Nesta demonstração de dança que se desenrolará num estado para ser observado pela carne, a densidade dada pelo exterior como movimento será totalmente excluída da superfície da dança. Esta demonstração estará reduzida à carne bruta que aparece quando esquecemos o endereço e o nome aos quais um indivíduo está ligado. O importante não é aquilo que fazemos, mas aquilo que nos motivamos a fazer, ou seja, a carne na qual se lança o mundo. Essa peça não comanda a carne, mas tenta fabricar a carne. É por isso que eu queria trabalhar com estudantes. [...]
>
> c) De repente pequenas placas de metal formam uma tela. As imagens projetadas sobre essa tela ressurgirão como imagens rasgadas, deslocadas, superpostas, alongadas, aceleradas, lançadas. O que é projetado não é o cadáver de uma ação, mas será adquirida uma carne decomposta em mil pedaços, recomposta pela própria tela.[1]

---

[1] Motofuji Akiko, *Em companhia de Hijikata Tatsumi (Hijikata Tatsumi to tomo ni)*. Tōkyō: Chikuma Shobō, 1990, p. 65.

Hijikata desconfiava do movimento e da ação. Uma passividade extrema da carne o interessava, o que permitia ao mundo se jogar na carne. Em sua coreografia, havia um estranho princípio de impessoalidade baseado na passividade e na imobilidade. A performance que apresentou a intransigente singularidade de Hijikata foi *Cores proibidas* (*Kinjiki*), cujo título foi emprestado do romance de Mishima Yukio. Gōda Nario relata:

> Sozinho, um belo rapaz aparece no canto iluminado. Ele olha pra mão. Em seguida, ele apenas olha uma mão violada pela homossexualidade, cujo gesto é visível, mas Hijikata Tatsumi, que atua com ele, não sai em nenhum momento do escuro. Ele apenas observa intensamente o gesto do rapaz da penumbra.[2]

Nessa "escuridão" estavam enraizadas a passividade e outros personagens da carne para Hijikata. Não apenas ele se tornou um pioneiro da arte de vanguarda em sua época, como também um observador único e estrito da carne... Além disso, antes de realizar sua estética afiada da decadência e da resistência em Tōkyō, seu corpo havia sido preenchido pela luz e sombra de Tōhoku, pelos olhares e percepções de pessoas e animais, por gestos, odores e pelo ar. O que se comunica excessivamente entre homens e natureza através de inúmeros encontros tornou-se uma dança e uma arte de vanguarda para Hijikata.

Há uma série de danças de Hijikata que culminará na *Revolta da carne* (*Nikutai no hanran*, 1968), série violenta, orgíaca, anárquica, excessiva. Mas Gōda Nario insiste no fato de que existe uma outra série calma, imóvel, estranhamente estática, na qual Hijikata "apenas observa".[3]

Depois de 1973, ele não aparece mais em cena, ele escreve *Dançarina doente* (*Yameru Maihime*) e continua a direção de uma série de representações do seu "Kabuki de Tōhoku" até sua morte. Depois desses anos

---

2 N. Goda, *Ekoda bungaku*, especial sobre Hijikata, n. 17, 1990, p. 7.

3 Ibid., p. 9.

consagrados a espetáculos experimentais e tumultuados, Hijikata parecia se concentrar em uma dimensão mais íntima, sobre a pesquisa daquilo que ele guardava nas profundezas de sua arte. É preciso sondar e costurar este fundo e esta dimensão menos perceptível. Para tanto, é necessário ler atentamente *Dançarina doente*, na qual se vê a que ponto os aspectos do Hijikata provocador, violento e aqueles mais sóbrios e dobrados para dentro se combinam intimamente em um cristal.

2) Como medir?

Há certamente em sua dança e em seu pensamento tudo que é excessivo, caótico, desmedido. Mas também impressiona a habilidade de Hijikata em medir e pesar delicadamente as coisas.

Aquilo que ele media era principalmente um caos sem medida. Caos este surgido do interior e do exterior. Mais do que fatiá-lo ou ordená-lo, ele se situa frente a esse caos. Hijikata mede e observa aquilo que sai dele, aquilo que se passa no interior e recomeça, medindo tudo novamente. Tal era sua disposição diante do mundo.

É preciso notar também a sua desconfiança em relação à imagem e àquilo que é visível em contradição com a intensidade de seu "olhar".

Nossos olhos sofrem de um defeito, pois são olhos.[4]

Sobre a pintura, ele diz:

Eu não penduro o quadro na parede. Ao colocar seu verso ao meu lado, dou uma olhada por cima. Os pintores devem trabalhar assim. Eles o observam

4 "Você só precisa dançar" (*Odoru koto da...*), manuscrito inédito in *Obras completas* (*Zenshū*), t. 2. Tōkyō: Kawade Shobō Shinsha, 2005, p. 271.

mais uma vez, tendo como hábito deslocar o quadro, pegá-lo com a mão, guardá-lo como um animal...,[5] Eu olho apenas em ação, como se eu estivesse num berço em movimento.[6]

É possível que seu ceticismo em relação ao visível seja o motivo profundo de sua dança. Na teoria da evolução, o olho é formado em contato com a luz, como um órgão tátil, tocando a luz. Hijikata tentava *medir* a vibração, o fluxo, a modulação infinita que forma um órgão.

E apesar de sua desconfiança profunda em relação ao olho, ele diz: o que constitui a dança não passa de uma técnica de descrição. Ele observava, em seu caderno, reproduções de quadros de De Kooning, Dalí, Picasso, Egon Schiele, Henri Michaux, Francis Bacon e mesmo Turner e os retraçava com um lápis. As notações de butô são frequentemente feitas por esse trabalho de observação minuciosa dos detalhes de uma imagem e de sua tradução em movimentos de dança. Às vezes, ele interpretava quase que figurativamente a silhueta de uma mulher nua feita por De Kooning.

De Kooning explicou seu próprio trabalho:

> O conteúdo é um olhar em passagem, um encontro como um relâmpago. É um conteúdo muito muito fino. [...] Eu o recebo de coisas flutuantes, como quando passamos por algo e aquilo produz uma impressão, uma coisa simples.[7]

A fixação de Hijikata por este pintor parece excepcional. As palavras de De Kooning ressoam com o pensamento do dançarino. Não há objeto

---

5 "Veja o lugar santo que se alonga em direção ao fundo das trevas" (*Kurayami no oku e, tōnoku seichi wo mitsume yo*), entrevista in ibid., p. 38.

6 "Uma manta branca que roça" (*Shiroi teeburu kurosu ga furete*), entrevista in ibid., p. 94.

7 Yves Michaud, "De Kooning, la soupière et le grand style" in *Willem de Kooning*. Paris: Centro Georges Pompidou, 1984, p. 24.

visível. Há apenas movimentos incessantes do visível e minha visão móvel. Não há objeto fixo nem conteúdo, há apenas forças invisíveis tornadas visíveis. A pintura está diante daquilo que é indescritível, e faz apenas o encadeamento de indescritíveis.

Para o olhar de Hijikata, a definição do figurativo e do abstrato não é mais pertinente. Hijikata trabalha sobre os quadros de De Kooning como se traduzisse cada traço, cada explosão do turbilhão de linhas e de cores em gestos de dança. Aquilo que ele captava eram figuras da vibração que não mais pertenciam necessariamente ao visível. Era necessário saber *medir* a vibração.

De Kooning falou de alguém que media tudo. Era uma lembrança de infância evocada por Jack Tworkov.

> Era o idiota do vilarejo. Ele se chamava Plank e media tudo. Media as estradas, os sapos e mesmo seus pés; as cercas, seu nariz, as janelas, as árvores, as serras e lagartas, tudo estava lá, tudo pronto para ser medido. Como era um idiota, é difícil saber a que ponto ele era feliz. [...] Ele não tinha nostalgia, nem memória, nem noção de duração, tudo o que ele notava sobre si mesmo era que seu comprimento variava![8]

O ato de medir parece, aqui, estranhamente elementar. Ele se situa antes de captar a forma ou de compreender o sentido de um objeto. Mas mesmo seu tamanho não cessa de mudar. Aquilo que se mede muda e aquele que mede, por sua vez, também muda de medida. Surge um labirinto de distância sem medida a medir infinitamente. A arte de De Kooning consiste em medir o incomensurável e fazer aparecer a desmesura.

Hijikata também comenta o que é medir:

---

8 Ibid., p. 23.

Páginas do caderno de Hijikata para estudo da peça *Babar bombom* (*Nadare Ame*), série de mulheres de De Kooning © cortesia Keiō Daigaku Art Center

[...] um homem tão logo sai do ventre de sua mãe perde os meios de medir seu próprio tamanho e seu próprio peso. Ele se encontra cercado de coisas impossíveis de medir. Ele quer se aproximar daquilo que é mensurável. É por isso que, por exemplo, fazemos amor.[9]

O que medimos e por quê? Sem saber onde nos colocar, estamos sozinhos com nosso próprio corpo, mesmo que este esteja acorrentado a este mundo, invadido por este mundo. Há distâncias em relação às coisas e às pessoas a serem medidas sem parar. A percepção não cessa de extrair um mundo percebido a partir de um universo infinito, de medir as distâncias que são as relações com o mundo.

As distâncias não cessam de variar. O mundo é sempre constituído pela profundidade imperceptível, imensurável. A forma e o tamanho são extraídos apenas dessa profundidade invisível, inaudível, imperceptível. "Se descemos à profundidade do próprio corpo...",[10] Hijikata, ao especular isso, não cessa de medir essa profundidade. Porém, medimos em vão, sem medida, mal captamos o imensurável ao medir. Como o idiota do vilarejo de De Kooning, medimos sem parar, sentindo sempre a mudança no tamanho de nosso corpo. A medida também precisa ser medida, mas em vão. Podemos apenas medir a intensidade quando estamos diante de um caos desmedido, imensurável. Não entender, apenas medir. É preciso observar, principalmente, "aquilo que aparece apenas lá onde o visível se desfaz."[11] "Minha dança não se encontra na relação ver/ser visto."[12]

Sua dúvida e seu interesse em relação às imagens são imensos. Em seu caderno, há também pinturas de Turner, imagens de naufrágio e do mar

9 "Demônio que dança a cena das trevas" (*Ankoku no butai wo odoru majin*), entrevista in *Obras completas*, op. cit., t. 2, p. 18.

10 "Esvaziar a carne das trevas" (*Nikutai no yami wo mishuru*) in ibid., p. 11.

11 "Manuscritos inéditos" in ibid., p. 271.

12 "Peregrinagem Butō" (*Butō Angya*), ibid., p. 156.

agitado em redemoinho. A pintura de Turner já é uma problematização do
limite do visível, da perspectiva que mede e determina o espaço e que, com
maestria formalmente elaborada, introduz a métrica inteligível no visível.
Hijikata descobre no caos de Turner não uma imagem do caos visível, mas
uma catástrofe do próprio visível. Em vez de realizar uma profundidade
coerente representada através da métrica, ele quer encontrar uma profundidade diferente. Essa busca combinava com sua inspiração tal como ele
a formulava:

> Eu quero me aproximar do mundo da infância ao expor abertamente o que
> se passava no meu corpo.[13]

Isto é, aquilo que se desprende, que se torce, pequeno caos infinito no
corpo, em sua profundidade fina.

3) A dança e a linguagem

Tive oportunidade de ver um filme que mostrava uma das últimas apresentações da dança de Hijikata: *Tempestade de verão* (*Natsu no arashi*,
filme 8 mm de Arai Misao, 1973), da série *Espelho do sacrifício da grande
dança* (*Hangi Daitō kan*).[14] Há poucos filmes das performances de
Hijikata realizados em boas condições. É um pouco como se ele não
tivesse confiança na imagem cinematográfica ou não quisesse deixar
imagens para posteridade, apesar de existirem muitos documentos foto-
gráficos importantes, alguns até mesmo esplêndidos. Ainda assim, temos

---

13 Ibid., p. 149.

14 *Hangi Daitō kan* vem sendo traduzido de diferentes formas em línguas ocidentais. Na
versão francesa, aparece como *Espelho do sacrifício*. Após consulta a Uno Kuniichi, optamos por *Espelho do sacrifício da grande dança*. [N.T.]

algumas imagens que demonstram precisamente os movimentos de sua dança em detalhes. Sempre singulares e intensos.

Eu me recordo principalmente de uma passagem em *Dançarina doente*:

> um calor estranho queria levar o corpo e desmontava a estrutura do céu, eu fazia gestos para dobrar as articulações do vento com os ossos.[15]

Nesse filme que acabo de ver, ele dança como se dobrasse as articulações visíveis e invisíveis, se deslocasse de todos os lugares e fizesse surgir outras articulações ínfimas, deslizando, convulsionando e apertando aquilo que se decomporia para, em seguida, se soltar novamente. O dançarino flutua e joga com a gravidade, desenha linhas e curvas entre suas articulações que não param de se deslocar. Ele se metamorfoseia ao desenhar formas por todos os lugares em seus detalhes. Como ele não para de fazer pequenos movimentos imperceptíveis – embora não se dê uma forma, mas vibrações contínuas –, vejo formas, bem móveis, sempre desconhecidas. Não sabemos se há gestos, histórias, sentidos. A dança parece se transformar numa outra coisa, com elementos minúsculos e imperceptíveis. Uma forma, se esta existe, exclui sempre a fixação e a petrificação. O filme me deu essa impressão.

Seria triste receber apenas imagens inertes, emblemáticas, do butō inventado por Hijikata: maquiagem branca, expressões grotescamente deformadas, gestos rituais que nunca foram essenciais para Hijikata. Ao desconfiar das determinações a respeito da mente e das ideias, não parou de descobrir e redescobrir aquilo que há de infinito no corpo. Sua confiança no corpo era enorme. Mas era necessário notar aquilo que há de infinito, de extraordinariamente móvel no corpo. Ele desconfiava da inércia, era vigilante em relação à mitificação do corpo, pois a beleza, a força, a exploração do corpo sempre foram mitificadas consideravelmente.

15 "Dançarina doente" in ibid., t. 1, p. 33.

O trabalho da linguagem era muito importante para a sua dança. Não é a linguagem que explica, conta ou poetisa suas inspirações. Hijikata explorava muito a literatura e, principalmente, a poesia. Mas inventou uma linguagem especial para sua criação. A dança e sua prática verbal eram absolutamente solidárias. Ele tentou desarticular as palavras, como desarticulava e reconstruía o corpo que dança. É isso que ele realizava ao mesmo tempo, inseparavelmente.

Quando ele escreve em *Dançarina doente*:

Um outro corpo está saindo do meu bruscamente, como quando você rabisca.[16]

Não é uma metáfora. A escrita se pratica como a dança, a dança pode se fazer como ato de escrever. Todas as frases em *Dançarina doente* são, ao mesmo tempo, eventos da linguagem e da dança. O livro de Hijikata representa ao mesmo tempo uma experimentação singular da linguagem e da dança. Mas é certamente um caso raro na experimentação da linguagem, da escrita. Ele frequentemente ditava seu texto e quase não havia a demarcação entre a escrita e o oral.

A linguagem é incorporal uma vez que ela deve ser separada da boca que come, respira e grita e deve ser codificada, padronizada. O corpo também é rodeado por tudo aquilo que o determina, restringe, prepara, vigia – a disciplina como corpo social que exclui tudo o que existe no corpo. Hijikata era extremamente sensível a tudo aquilo que investia o corpo e a linguagem. Ele buscava expressões linguísticas e gestos de dança longe das instituições e das normas.

E uma vez que há sempre a linguagem que domina o centro das instituições que controlam o corpo, será preciso modificar a própria linguagem. A mudança será radical e será necessário realizá-la com a descoberta da amplitude e da flutuação do corpo excluído pelo sistema. Hijikata se

16 Ibid., p. 50.

forçou a essa prática quase impossível e insólita de ultrapassar os limites impostos sobre a linguagem e o corpo através de sua pesquisa tanto pelas palavras quanto pela dança. Foi absolutamente necessário tentar os dois ao mesmo tempo.

Se essas são as palavras que controlam o corpo, para redescobri-lo foi necessário lutar contra a força de controle que vem das palavras. Ao tratar as palavras de maneira cruel e sutil, ele tentou descobrir, entre elas, as palavras, sinais e traços que ele reinjetou em seu trabalho com o corpo.

Dançarina doente foi expressão e prática desse objetivo e desse programa. O livro realizou assim um projeto impossível, seja uma inclassificável autobiografia do dançarino, um manual de dança, uma teoria da dança ou um poema sobre a dança.

> Eu tinha cicatrizes de queimadura pela brasa nos joelhos e sentia sempre uma dificuldade, tanto que meu eu e meu corpo suspeitavam de mim sem parar. Ousei a cada vez invadir essa área suspeita, beijando um espaço-tempo estranho. Eu, coberto por uma pele confusa, quis tratá-lo como corpo abandonado. Em meu rosto – cuja testa comprimida era prolongada por um interstício do céu; sobre o flanco, eu guardava alguma coisa como um grupo de músicos –, e às vezes demonstrava um susto passageiro. Quando o sol se obscurecia, o sentimento também se obscurecia, parecendo um corpo.[17]

Cosmologia do corpo, ontologia do corpo, noologia ou semiologia do corpo: descobertas infinitas dobram-se nesta busca e nesta errância.

17 Ibid., pp. 33-34.

3. LIVRO DA DANÇA, LIVRO DA MORTE

> *Além disso, você não pode nos contar alguma coisa*
> *que fizesse compreender quem é você?*
>
> TATSUMI HIKIJATA

Hijikata Tatsumi nos deixou um livro surpreendente que não se parece com nenhum outro. *Dançarina doente* (*Yameru Maihime*) é um evento mais do que um livro, ou seja, alguma coisa que acontece mais do que algo que se lê. Perguntamo-nos em que tipo de língua ele está escrito. É certamente japonês, mas uma língua pura e estranhamente japonesa. Não é uma reflexão sobre a dança, nem uma autobiografia de um dançarino, nem a sinopse de uma apresentação, nem um longo poema sobre a dança. Indefinível, mas, ao mesmo tempo, reflexão, autobiografia, poesia, narrativa, notação coreográfica etc. Não é um livro globalizante que integra diversos elementos, mas um livro que diferencia interminavelmente tudo o que constitui a vida, o clima, a paisagem num vilarejo no nordeste do Japão, assim como tudo o que penetrava em turbilhão no corpo de uma criança.

O livro registra eventos e imagens que atravessam esse pequeno corpo. Não é propriamente uma lembrança. O tempo surge através de um registro sem fim e dissolve a linha entre o presente e o passado.

O muito próximo tornou-se incerto, envolto pelo que parece ser o ar que faz flutuar uma borboleta. O ar em torno de mim, que observava em silêncio uma pequena cobra derretendo, avançava com a borboleta em direção ao lugar onde tudo estava fechado. Esta imagem de mim não tem nem infância nem passado. Não sabe o que fazer.[1]

---

[1] "Dançarina doente" in *Obras completas,* (*Zenshū*), t. 1. Tōkyō: Kawade Shobō Shinsha, 2005, pp. 73-74.

O tempo e o corpo derretidos, em um mundo dividido no infinitamente pequeno, são revelados pela escrita e retornam ao caos. Assim, o livro é uma parte condensada do universo da dança de Hijikata, de sua cartografia e de seu dispositivo. Esse livro torna-se ilegível se não encontrarmos uma maneira própria de lê-lo. Ele não é repleto de expressões obscuras ou de palavras incompreensíveis, de enigmas escondidos etc. Mas tudo aquilo que torna um livro legível: um ritual, pessoas definidas, redundância, significância, coordenação espaço-temporal, progressão de eventos, constância da percepção, unidade psicológica etc., tudo isso é excluído. Não há nenhuma economia de comunicação nem de narração. Hijikata tampouco buscou um estilo especial ou uma técnica de expressão.

Cada frase possui a densidade da poesia, mas Hijikata não se dá o direito de ser propriamente um poeta. As metáforas e elipses não se submetem ao uso poético. Todas as sutilezas são destinadas a realizar uma longa prosa para registrar os eventos. O que é registrado e o que acontece seguem numa velocidade extraordinária que exige expressões poéticas. Mas as palavras se ligam principalmente às partículas presentes na percepção, ao seu movimento extraordinário. Na verdade, há poucas "metáforas". O leitor não pode se fixar em uma palavra, em uma imagem, em uma expressão. A velocidade e o multidirecional não permitem conceber o texto numa linha estável. Sem objeto fixo, esse livro é apenas velocidade e direções variáveis até o atordoamento. O seu objetivo não é comunicar, argumentar ou produzir uma obra. O livro inteiro é como uma rajada de vento. As palavras são correntes de ar, cintilação contínua da luz, música ambiente desdobrando-se sem compromisso.

Hijikata conheceu e se interessou muito pelo surrealismo introduzido no Japão, principalmente pelo poeta e crítico Takiguchi Shūzō. Ficou encantado pela escrita automática, pelos deslocamentos, pelo uso dos sonhos, pela colagem de imagens e pelas palavras. Inspirado por este movimento, forjou uma espécie de estética da descontinuidade. No entanto, mesmo que o surrealismo tenha contribuído para liberar alguns artistas japoneses das estruturas e dos códigos tradicionais, no fundo, a arte como pesquisa do inconsciente proposta por André Breton não era aquela de Hijikata. Breton se apegou muito às imagens e à pintura figurativa. Hijikata, por outro lado, estava mais interessado na vibração que transborda das imagens, nas forças quase imperceptíveis. E ele chega mesmo a se opor a um esteticismo estático do surrealismo.

No seu mundo, o "eu" ou a criança que vive num vilarejo do Tōhoku não é um sujeito psicológico que pode gerar memória. Não há relações psicológicas com a família ou com os parentes, nem de geografia, nem de paisagem, nem de época, que possam constituir as coordenadas de uma narração. As palavras são carregadas plenamente e sem ruptura. São pequenas percepções que transbordam essas coordenadas. Não há nem "eu" nem "meu corpo". "Meu corpo" é disperso e esticado em todas as direções, no espaço sem forma nem separação. *Dançarina doente* não é nem mesmo um hino à carne, mas um álibi da carne. A carne é tão repleta de fluxo, de atmosfera, de sombra, de luz, de partículas, de elementos moleculares, que é como se ela perdesse suas formas e sua presença.

> Eu tinha a sensação de ser dançado por alguém. Eu estava envolto pelo vapor d'água ou me tornava como uma matéria que tinha perdido, indiferentemente, a vida. A sensação do corpo mesmo sem gravidade me ensinava algo como o gesto de comer rapidamente formas efêmeras flutuantes no pensamento. Em meus gestos, não havia mais espaço onde fosse possível infiltrar o que é afetivo ou racional. Assim como o corpo não era aquele que eu possuo. Da mesma forma, os membros e o corpo eram esquecidos.[2]

O corpo é constantemente invadido pelos outros e perde seus contornos, penetrado e devorado pela luz, pelo vapor, pela sombra, pelos medicamentos, pelos insetos, pelos animais, pela fumaça, pelos fantasmas, pelo

2 Ibid., p. 15.

tatame, pela divisória de papel (*shōji*), pelos doces. E todos penetrando-se uns aos outros.

Sem afeto e sem razão, a percepção que poderia captar um corpo como o seu espalha-se por aí, no mundo.

> Eu não parava de pensar que esse corpo seria continuamente devorado, a não ser que um cataclisma se produzisse no céu.
>
> Em qualquer casa, havia um ou dois deuses rasgados em pequenos pedaços e se encontrava alguém sentado que iria explodir de excitação da alma e que gritava, com antigas varetas de metal nas mãos. Eu compreendia e observava aquelas pessoas que saboreavam a delicadeza antes de se tornarem completamente idiotas. Certamente o que se descobre com inteligência, uma vez comparada a esse estado, é quase sempre uma ruína de formas danificadas. A razão de ser homem é destruída nos arredores, e eu apenas observo sem pensar.[3]

Os fragmentos e as atmosferas de tudo aquilo que envolve a infância – o mundo, os objetos, uma mulher que pode ser a mãe ou uma irmã, os fantasmas, os animais – o capturam em sombras íntimas. Nessa obscuridade, onde "apenas o barulho da respiração parece um pouco com o espírito", o protótipo do butō estende suas raízes. E, neste protótipo, a sombra é mais densa, doente.

> Uma pessoa adoentada, quase sempre deitada, gemia num canto obscuro da casa. Um hábito como o de relaxar sobre o tatame, o corpo como um peixe, parece ter sido aprendido em uma aula dada por esse dançarino doente. Seu corpo aparecia nos contornos parecendo realizar o gesto da reza, mas ele era alcançado pela escuridão como se houvesse se reconstituído após uma lágrima. Ninguém sabia o que era essa obscuridade do além, nem se lembrava do começo que parecia com a ressurreição obscura.[4]

3 Ibid., p. 17.
4 Ibid., p. 18.

Hijikata não cessava de dizer que ele havia aprendido a dançar observando os doentes. E ele detectava, ao mesmo tempo, uma obscuridade nesse começo. A doença é um fenômeno sobre um horizonte em que as imagens se confundem. Em torno da doença (*yamai*), há a escuridão (*yami*). Não há nem sentimento, nem infelicidade, nem tristeza. O peso inteiro de um corpo com um órgão doente se dissolve na escuridão sem órgãos. Esse corpo flutua, fazendo parte desse escuro, frustrando os órgãos lá onde "a sombra faz respirar a luz". Tudo vem dessa sombra imensa e vive com um corpo metade na sombra. No entanto, a consciência e as palavras, ou mesmo o inconsciente, não podem entrar facilmente nessa escuridão.

> O que eu vejo ali é certamente um cavalo ou uma vaca, mas talvez seja apenas um buraco negro. Tudo entrará nesse buraco e se tornará invisível.[5]

Na escuridão da dança que Hijikata sempre teve em vista, sem dúvida víamos apenas a imagem ou o sujeito que é a *dança das trevas* (*ankoku butô*). É possível que Hijikata, muito tempo ausente de cena, se preocupasse principalmente em buscar como ser fiel a essas "trevas". No mundo descrito em *Dançarina doente*, o passado escoa sem intermediário no presente e se infiltra no futuro, excluindo o tempo linear. O tempo é como um fermento disforme, assimétrico. Hijikata parece ter vivido esse tempo fora de qualquer contagem, especialmente ao longo dos últimos quinze anos, durante os quais não aparecia mais em cena.

No universo de *Dançarina doente*, não há nem oposição nem harmonia entre o mundo e o eu, nem conflitos entre forças. Tudo se encaixa, se alterna. É um mundo doce e cruel ao mesmo tempo.

As sensações acontecem e passam como sopros de vento no eu. Há descrições rápidas e impiedosas do caos de sensações no corpo da criança, mas sem criar nenhum conto para crianças.

5 Ibid., p. 20.

Uma sensibilidade estranhamente aberta e contínua se dá como densidade extraordinária de todos os fenômenos que visitam o corpo da criança e como capacidade que pode conectá-los ao atravessar distâncias. É um gênio que não luta, não bate nem domina, mas capta os corpúsculos do mundo, constituindo-se apenas de coisas banais e de seres implicados nesse mundo. Certamente, o corpo não está fechado em uma forma ou em um tamanho determinado de uma vez por todas. Os sentidos da criança estão dispersos na atmosfera, ampliam-se e encolhem a cada vez.

> Eu tinha cicatrizes de queimadura pela brasa nos joelhos e sentia sempre uma dificuldade, tanto que meu eu e meu corpo suspeitavam de mim sem parar. Ousei a cada vez invadir essa área suspeita, beijando um espaço-tempo estranho. Eu, coberto por uma pele confusa, quis tratá-lo como corpo abandonado. Em meu rosto – cuja testa comprimida era prolongada por um interstício do céu; sobre o flanco, eu guardava alguma coisa como um grupo de músicos –, e às vezes demonstrava um susto passageiro. Quando o sol se obscurecia, o sentimento também se obscurecia, parecendo um corpo.[6]

O corpo da criança se espalha até o céu, torna-se um caos sem medida, sem distância. É assim que a criança em Hijikata emite o discurso num tempo caótico em que não há mais passado nem presente, nem futuro. A criança, sempre cercada por mortos que aparecem repentinamente, não para de se mover num caos terrível. As expressões sinistras dos adultos, seus infortúnios, desejos e paixões não são dissolvidos na natureza. Tudo isso é decomposto em partículas no turbilhão contínuo da natureza. As mulheres e os doentes, nessa extensão, emitem sinais de uma densidade excepcional. Eles são fluxos pesados, macios, imóveis. A dançarina doente é, principalmente, uma sacerdotisa desse universo. Os homens fortes, robustos organizam de alguma maneira esse universo caótico ao

6 Ibid., pp. 33-34.

redor de centros potentes. Para a criança cujo corpo se propaga sem contornos nesse universo, os corpos masculinos são como batutas imóveis. É como se apenas os doentes e as mulheres vivessem à beira do caos com seus corpos fluidos, frágeis, desconstruídos, sem esconder nada de frágil. "Não há nada mais inútil do que um órgão", diz Antonin Artaud.

O homem é doente porque ele é mal construído.
É preciso decidir desnudá-lo para raspar esse microorganismo que o faz se coçar mortalmente,]
    deus,
    e com deus
    seus órgãos.
Pois ligue-se a mim se assim desejar
Mas não há nada de mais inútil que um órgão.

Uma vez que você o fez um corpo sem órgãos,
Então você o terá libertado de todos os automatismos e terá recuperado sua verdadeira liberdade.[7]

Hijikata também descobriu, à sua própria maneira, um tipo de corpo sem órgãos como realidade inegável, mas parece que o corpo sem órgãos de Hijikata não se parece com aquele de Artaud. Se este último pôde realizar o corpo sem órgãos somente na angústia esquizofrênica, sitiado por um regime e por poderes que excluem estritamente o corpo, Hijikata realizou, assim me parece, as condições nas quais o corpo sem órgãos era viável concretamente. Ele exprimia uma forte empatia por Artaud, mas sempre dizia:

---

7 Antonin Artaud, *Pour en finir avec le jugement de dieu* in *Œuvres complètes*, t. 13. Paris: Gallimard, 1974, p. 104.

58   Eu não sou Artaud.

Quem é autêntico e quem realmente realizou um corpo sem órgãos? Esta não é a questão. O corpo sem órgãos, por não ter mais órgãos, deve passar por todos os diferentes estados, todas as imagens, ao excluir uma forma definitiva. Não foi apenas Artaud quem descobriu o corpo sem órgãos, embora ele tenha sido o único a nomeá-lo assim. Por viver em um sistema que excluía o corpo, a sua descoberta do corpo sem órgãos era frequentemente ameaçada, a realização desse corpo corria o risco da destruição, e por isso ele teve que procurar exemplos no México, em Bali ou no Império de Heliogábalo, longe na história ou na geografia. Para Hijikata, o corpo sem órgãos é algo mais concreto, banal, palpável. É por isso que o modo do corpo sem órgãos para Hijikata é muito diferente. Ele também precisou passar pela revolta, pela violência, pela destruição em sua busca do corpo. Porque o corpo sem órgãos é excluído e reprimido. Ele se disfarça, se arma, se deforma, grita e recebe uma cobertura negativa. Mas no universo de *Dançarina doente* não há mais máscaras, nem armas, nem negações. Há apenas partículas, vibrações, movimentos infinitamente pequenos em que a vida e a morte não são mais separáveis. O futuro não se expressa mais alegoricamente nos mitos. Ele é vivido como realidade concreta, cotidiana. Esse livro frequenta o futuro, o que torna sua leitura difícil ao primeiro contato.

E, visto que *Dançarina doente* é um livro do futuro, ele é também um livro sobre a morte, um livro dos mortos. Nesse livro, há mortos por toda parte. Eles aparecem em todos os lugares, sempre repentinamente. A criança que toca em tudo, que tenta tornar-se tudo, não cessa de imitar os mortos.

Eu absorvia claramente através dos meus poros o vento que parecia soprar sobre a pele de um morto. Ele me encorajava dizendo "mais um pouco e você vai chegar". Eu era atravessado pelo vento transparente e alvejado pela consolação. É que, talvez, apenas um morto possa permanecer adormecido tranquilamente, mesmo que um raio caia sob a pálpebra.[8]

Por causa das mordidas que vêm da terra úmida, meu corpo mentiroso não podia mais mentir. O que rodeava o corpo era visto como morto e só restavam os veios obscuros que sou eu. Mesmo após minha morte, ainda permaneceria a postura do eu que cruza os braços. Ouvi boatos.[9]

Não havia mais ninguém em casa. Aquele que brandia, silencioso, os sapatos emborcados já se apresentava invisível. Havia apenas minhocas afogadas. Acredito ter visto um morto que caminhava a grandes passos, com uma forma semelhante a um estômago estranho transparente. Todo o seu corpo, como a forma fina de um estômago, encolheu e foi desaparecendo com pesar.[10]

O corpo sem órgãos seria um réquiem íntimo para a morte mais do que um hino à vida intensa? Em meus ouvidos ainda ressoa a voz rouca de Hijikata, saindo de sua garganta como um feixe de trevas, simulando a voz dos fantasmas que visitam um vilarejo como o vento. Os mortos e os cadáveres, o olhar e a voz que eles emitem são parte do clima turbulento no corpo da criança. O corpo liberado dos órgãos vive necessariamente uma relação singular com a morte. Através das diferentes fases da morte, esse corpo rejeita suas próprias determinações em escuridão e turbilhões. A morte é também um fato do corpo sem órgãos, assim como a "crueldade" no teatro e a "escuridão" na dança formam também a variação infinita do corpo sem órgãos.

E o que é ainda mais surpreendente é que tudo isso seja expresso em palavras. *Dançarina doente* é um livro difícil de ler, mas não poderia ter sido

8 "Dançarina doente" in *Obras completas*, op. cit., p. 84.

9 Ibid., p. 104.

10 Ibid., p. 120.

realizado sem uma profunda confiança na linguagem. Certamente, esta linguagem quase sempre exclui a economia e o código do "significante".

Os significados não são absorvidos no vazio. As palavras estão cheias de algo que não é nem narração, nem análise, nem descrição. Sem ser um *nonsense*, sem petrificar o sentido, elas conservam uma ligação direta com o turbilhão de eventos no mundo da criança. E as palavras nunca constituem em si uma realidade nem um evento. As palavras são rigorosamente separadas do mundo por uma parede, sem dúvida fina, mas rigorosa. As palavras são elas mesmas essa parede. Em *Dançarina doente*, essa parede, a superfície das palavras, é extremamente fina e flexível, mas tão vigilante que exclui a ilusão da realidade capturada. Essa parede é também aquela da escrita. As palavras estão diante do turbilhão, da escuridão insuportável, insustentável. A morte é um dos vórtices que engolem um indivíduo vivo. Mas as palavras têm também sua própria força que desperta a morte. A força das palavras representa também o poder de romper, bloquear, arruinar a vida. Se, pelo contrário, as palavras possuem também uma outra força, a de se opor à morte, de manter a vida contra turbilhões terríveis, como fazer operarem as palavras? Certamente, temos às vezes a necessidade de nos aproximar de forças terríveis, rodopiantes, de abrir nossas pequenas forças a tais forças exteriores. É uma tarefa terrível lidar com diferentes forças para evitar a explosão e os curto-circuitos.

Dançarina doente é um livro em que se pode traçar lições minuciosas e atentas sobre a morte e a vida. As palavras são rápidas, selvagens, inumanas, fora do sistema, fora da cultura, fora da estetização. Existiu no Japão, na mesma época, um escritor que também era mítico, perverso, contestador – mas bem diferente de Hijikata –, que se suicidou depois de pronunciar um discurso por um golpe de Estado imaginário e que havia contribuído para tornar o jovem dançarino conhecido em seu meio. Mishima Yukio, com seu culto à beleza, dos músculos e da morte, atingiu sua revolta de maneira grandiosa ao invocar o nome do Imperador. O caminho de Hijikata só poderia ser diferente. O que ele invocou para completar sua pesquisa foram apenas mulheres doentes, uma criança perdida em um vilarejo, seus corpos e suas pequenas sensações. Hijikata não precisava de um grande outro, era ele mesmo o outro, sem necessidade de privilegiar, idealizar um corpo, sem armadura, arma ou máscara.

Neste mundo de *Dançarina doente*, nada é petrificado, dogmatizado. Esse mundo é feito por seres infinitamente ínfimos, tal como eles são, fugindo e retornando incessantemente. E, estranhamente, são as palavras que preservam todos os seus movimentos como perceptíveis. *Dançarina doente* foi publicado pela primeira vez em março de 1983, pelas edições Hakusuisha, pouco antes da morte de Hijikata.

4. A PANTUFA DE ARTAUD SEGUNDO HIJIKATA

1) O teatro biopolítico

Hijikata não foi influenciado pela visão de teatro de Artaud, mas expressava por ele uma empatia profunda e existencial. Sabemos que uma das preocupações maiores de Artaud, todas as experiências que ele fez em uma variedade de campos, era exatamente com a própria vida. A vida e a vitalidade. Mas não se tratava de qualquer vida concebida em sua generalidade, mas da vida em seu aspecto inteligível e perceptível. A ele interessava uma vida acompanhada por uma tonalidade singular, inquietante e estranhamente intensa, indefinível, intratável, opaca, violenta, frágil, nua, feroz. *Feroz*, pois se apresentava em um relacionamento singular com a carne. Para Artaud, o que contava era uma vida observada e encontrada em seus aspectos limites com seu exterior e seu interior. A vida flutuante no limite de seus próprios contornos determinados de diversas maneiras.

Essa inesquecível abertura de *O teatro e seu duplo* já é suficiente para apontar a singular problemática que Artaud colocou em relação a essa dimensão limite da vida:

> Nunca como neste momento, quando é a própria vida que se vai, se falou tanto em civilização e cultura. E há um estranho paralelismo entre esse esboroamento generalizado da vida que está na base da desmoralização atual e a preocupação com uma cultura que nunca coincidiu com a vida e que é feita para reger a vida.[1]

[1] Antonin Artaud, *O teatro e seu duplo*, trad. bras. de Teixeira Coelho. São Paulo: Martins Fontes, 1999, p. 3.

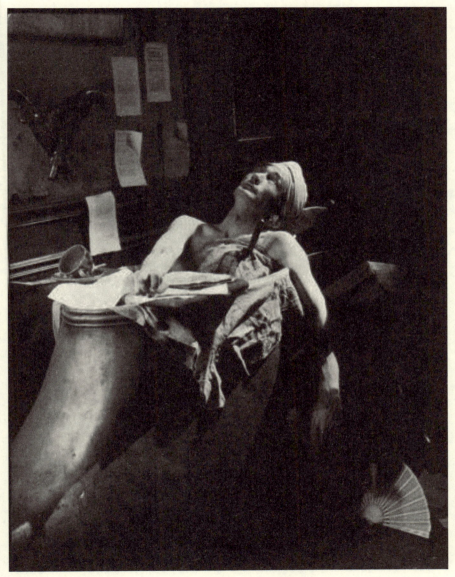

Artaud como Marat assassinado no filme *Napoléon* de Abel Gance, 1927 © DR.

E a conexão entre a vida e o teatro, a vida do teatro, a vida no teatro ou o teatro na vida; tudo isso tinha um significado primordial e muito especial para Artaud, para o seu Teatro da Crueldade. Ele sempre se preocupou com a relação positiva e negativa entre a vida e o teatro.

Parece que aquilo que Michel Foucault disse ao definir a *biopolítica* encontra uma certa ressonância fundamental na problemática que Artaud havia colocado em relação à vida. Pois em todos os casos, a vida com a qual Artaud está preocupado não é a vida em geral, incondicional, intacta. Ela deve tocar todas as condições que admitem a vida em um determinado momento histórico, as condições e as instituições que a penetram e sitiam, uma vez que a vida humana é sempre determinada social, histórica e politicamente. Ela não é apenas influenciada e invadida de fora por contextos sociais. A sociedade é um dado quase inato para o corpo e, segundo Artaud, esse condicionamento inato que pesa sobre o corpo é cada vez mais insuportável. A biopolítica é insuportável, odiosa e infernal para ele. É contra ela que ele declara guerra.

Foucault definiu a biopolítica assim:

> As disciplinas do corpo e as regulações da população constituem os dois polos em torno dos quais se desenvolveu a organização do poder sobre a vida. A intalação – durante a época clássica, desta grande tecnologia de duas faces – anatômica e biológica, individualizante e especificante, voltada para os desempenhos do corpo e encarando os processos da vida – caracteriza um poder cuja função mais elevada já não é mais matar, mas investir sobre a vida, de cima a baixo.[2]

Esse poder, então, interfere tanto na vida que essa se obriga a internalizá-lo, adotando-o como o princípio de sua organização, de seus órgãos

---

2 M. Foucault, *História da sexualidade 1: a vontade de saber*, trad. bras. de Maria Thereza da Costa Albuquerque e J. A. Guilhon Albuquerque. Rio de Janeiro: Graal, 2013, p. 152.

e de seu organismo. O biopoder funciona, portanto, dentro da vida, "em toda sua extensão". Evidentemente, a própria vida é composta e forjada nos cruzamentos e circulações de todas as forças da Natureza, mas também se forma na sociedade, entre suas redes, seus sistemas, seus artifícios, suas instituições, suas tecnologias, em que família constitui uma engrenagem indispensável. A vida na animalidade (*zoé*) elabora-se mais ou menos como vida na sociedade ou na civilidade (*bios*). E a demarcação entre os dois é, muitas vezes, borrada. O biopoder consiste também em operar e determinar cuidadosamente essa demarcação.

O que Foucault definiu como biopolítica já pertencia ao Ocidente desde a sua "era clássica". E a biopolítica que corresponde ao biopoder encontra seu processo de elaboração em todas as técnicas de governo, de gestão e exame, de vigilância, incluindo o conhecimento e a ciência. Para Artaud – que encontra a problemática de uma certa biopolítica a partir de sua percepção excepcionalmente densa e aguda da vida –, sempre se tratou de uma luta, de uma guerra singular contra tudo o que investia a vida em toda sua extensão. E ele era extremamente sensível a alguns aspectos muito específicos do poder e da política que sitiavam a vida e seu organismo. O organismo do poder e da política é necessariamente "orgânico". O teatro de Artaud é a demonstração dessa sensibilidade e a realização dessa guerra singular.

É preciso acreditar num sentido da vida renovado pelo teatro, no qual o homem impavidamente se torna o mestre do que ainda não é e o faz nascer. E tudo o que ainda não nasceu pode nascer, desde que não nos limitemos a ser meros órgãos de registro. [...] Além disso, quando pronunciamos a palavra vida, devemos entender que não se trata da vida reconhecida pela parte externa dos fatos, mas desse tipo de habitação frágil e inquieta na qual não se tocam as formas...[3]

3 A. Artaud, *Œuvres complètes*, t. 6. Paris: Gallimard, p. 14.

Em um dos textos escritos na época em que Artaud se engajou no surrealismo, ele claramente já manifestava, ao falar de suicídio, sua sensibilidade em relação à vida determinada pelas redes, pelas "ramificações" do poder sobre a vida.

> É certamente algo abjeto ser criado e viver e sentir-se nos mínimos recônditos, até nas ramificações mais *impensadas* de nosso ser irredutivelmente determinado.[4]

Vemos também que não é apenas uma imagem singular da vida que preocupava Artaud, é também o corpo concebido a partir de seu próprio ponto de vista único. A vida é aquela do corpo. Mas aqui, também não se trata de qualquer corpo, especialmente porque ele se esforça, desde a sua juventude, para se livrar "deste condicionamento de meus órgãos tão mal ajustados com meu eu".[5]

Certamente, se a biopolítica existe, deve trabalhar ao mesmo tempo a vida e o corpo no nível quase biológico – órgãos e organismo inclusos. É assim que podemos entender o ódio de Artaud e a guerra por ele travada durante toda a vida contra os órgãos. O corpo demarca o limite da vida em seu aspecto animal (*zoé*), mas nunca se livra de seus aspectos socialmente organizados, de modo que esses aspectos constituem quase os outros órgãos do corpo. Ele irá se dirigir, então, em direção à animalidade nua do corpo? Sim e não. Será necessário retraçar todas as flutuações que marcam a rota de suas pesquisas e seus experimentos realizados através do teatro, da poesia, do cinema, do romance, da viagem, da escrita e do desenho contidos em todos os seus cadernos escritos desde o hospital de Rodez até o fim de sua vida.

4 A. Artaud, *Linguagem e vida*, trad. bras. J. Guinsburg (coord.). São Paulo: Perspectiva, 2011, p. 250.

5 Ibid., p. 249.

Giorgio Agamben retoma os termos gregos *bios* e *zoé*, que representam o duplo aspecto da vida em *O que resta de Auschwitz*,[6] ao descobrir o estado-limite vivido nos campos de concentração como *zoé*; para refletir sobre a vida empurrada para o limite da área visada pela biopolítica e sobre o que é viver em outro contexto, redefinindo novamente o sujeito e a subjetividade expostos e explicitados em um estado-limite de vida.

Certamente, a vida para Artaud está relacionada a *zoé*, a uma pura animalidade nua, despossuída. Mas ele nunca perdeu o sentido intenso da vida e do corpo como gênese ou autogênese, como força intensa, impenetrável, móvel sem limites que não se deixaria nem mesmo determinar por termos como *bios* ou *zoé*. A vida é para Artaud indeterminável em todos os sentidos, enquanto a sociedade é feita pela infâmia, o tráfico, o comércio que nunca deixa de cercar a vida e, especialmente, o corpo. Em *Héliogabale ou l'anarchiste couronné*[7] e em seus 400 cadernos, Artaud refletiu muito e lutou contra esse sistema que investe a vida e o corpo, em toda sua extensão, por essas redes e suas "ramificações".

Sabemos que Artaud aparece na *História da loucura*[8] de Foucault como uma figura excepcional, que coloca em questão o status da loucura, com todo o seu sistema de confinamento constituído por trás da fachada da razão. Mas não se deve esquecer que este questionamento veio mais tarde, com o próprio status da vida no Ocidente moderno, da vida tomada em um sistema que a investe por dentro em profundidade, até o ponto em que chegamos a odiar ao mesmo tempo a vida, o organismo e os órgãos. Biopolítica é o que Artaud viveu e experimentou até o fim.

---

6 Giorgio Agamben. *O que resta de Auchwitz*, trad. bras. de Selvino J. Assmann. São Paulo: Boitempo editorial, 2008.

7 A. Artaud, *Héliogabale ou l'anarchiste couronné*. Paris: Gallimard, 1934.

8 M. Foucault, *História da loucura*, trad. bras. de José Teixeira Coelho Neto. São Paulo: Perspectiva, 2010.

Toda essa problemática que tentamos situar provisória e hipoteticamente no contexto da biopolítica como Foucault a definiu, exigiu de Artaud uma série de obras excepcionais, executadas especialmente nos cadernos que ele começa a preencher em Rodez, escrevendo e desenhando. Assim como a palavra "vida" soa singular em Artaud, a palavra "trabalho" também assume um tom específico.

> Fazemos nosso corpo e nós mesmos com a mão porque os cataplasmas não nascem do Espírito Santo, mas de uma aplicação manual. A vontade não é um fluido, é um gesto, e a espessura é consequência de um trabalho de empurrar, forçar, remoer, e não um estado de espírito.[9]

A luta contra os órgãos requer esse trabalho de escrita e desenho. E o trabalho de Artaud consiste em refazer seu próprio corpo, a espessura desse corpo.

> Não há corrente elétrica do ser nem de deus, há meu trabalho de homem pedra por pedra, sobre meu corpo, e isso é tudo.[10]

Claro que esse trabalho para refazer o corpo requer tempo, um tempo especial.

> Como o café ferve? / Pelo repouso. E como o repouso o faz ferver? / Por um trabalho sobre o repouso, / que não é um novo trabalho / mas um *outro* trabalho. / Chama-se dor, ela mesma.[11]

Esse trabalho requer, portanto, simultaneamente um tempo especial e um trabalho singular sobre o tempo,

9 A. Artaud, *Œuvres complètes*, t. 21. Paris: Gallimard, 1985, p. 51.
10 Ibid., p. 96.
11 Ibid., p. 160.

Algo sobre o qual eu sozinho tenho a imaginação e o sentido. Tampouco é uma corrente eterna a restabelecer, mas uma revolta pelo empenho do *meu* tempo que impõe a ferrugem.[12]

Artaud gosta da ferrugem e do prego.

Posso quebrar a caixa de ferrugem, porém não a quebrarei. Farei a caixa um pouco mais enferrujada e isso é só, – porque essa caixa sou eu, e nunca gostei de orquídeas. [...] pois a caixa de ferrugem imutável e a moeda de cem francos que dela sai, obtidas com o tempo e nesse momento do tempo se constituíram com grande dificuldade, trabalho árduo e esforço.[13]

Aqui, está a ferrugem que corresponde ao trabalho e ao tempo que Artaud trabalha ao atravessar o sofrimento e as crises. E os pregos estão em todos os lugares, em seus desenhos e seus escritos: os pregos que trabalham a pele

Pois o espírito puro nunca foi nada além de magma. / Para salvar a parte inferior do magma tirado por ele / é necessário bater pregos em cima.[14]

Lembremos daquele prego enterrado na cabeça de conde Cenci pela filha que ele estuprou, Béatrice.

Pregos vindos de baixo no sentido da insurreição perpétua / como nos calçamos de baixo pra cima até o fim. / E nos pregamos pela frente da epiderme / para que todos os vazios sejam ocupados / as folhas da última primavera. / Os espíritos nunca foram nada além de estados passageiros do trabalho perpétuo sobre o ser e do ser, estados que não são os seres e que devem absolutamente

---

12 Ibid., p. 55.

13 Ibid., pp. 46-47.

14 Ibid., p. 12.

partir e nunca voltar. [...] porque bati pregos em número suficiente para estar definitivamente segura... [...] e eu que por trás da terra empurro o germe sobre a terra como um prego.[15]

Um prego pode ser, portanto, o germe de um novo corpo. A ferrugem e os pregos estão ligados a todo o trabalho de transformação da vida e do corpo, a uma tática extremamente refinada de um trabalho extraordinário sobre o corpo e o tempo que coexiste com esse corpo. Fala-se muito da violência, do grito, da crueldade de Artaud. É necessário colocar a ênfase em sua maneira de lutar, muito refinada e astuciosa.

Para isso, ele teve que trabalhar muito, mas com muita sutileza, e todo esse trabalho é feito para alcançar "o corpo interno" que "não passa de um externo comprimido."

> As coisas são um quadro, o corpo interno é apenas um externo *comprimido*. Assim como as cores na tela.[16]

Vejamos até que ponto seu trabalho visa a "comprimir" o exterior, a refazer o interior com esse exterior condensado e a "dilatar o corpo de minha noite interna", como ele dizia. Seus desenhos apresentam, junto com sua escrita, esse corpo comprimido pelo processo de "empurrar, forçar, amassar" etc.

É dessa maneira que tudo se move em direção "à ideia do corpo absoluto" em seus últimos cadernos – um extraordinário canto experimental.

> Nunca mais chuva nem dilúvio / o fogo *compacto*, / é o estado verdadeiro de meu ser / de onde tudo quis se soltar para me contrariar, / eu o verei, / não era de mim, não estava em mim, não estava fora, / era uma coisa que fiz *fora*

15 Ibid., pp. 105, 132 e 455.
16 Ibid., p. 367.

para colocá-la de volta *dentro* do MEU corpo, / uma coisa diferente do eu, / é ainda mais eu / aquilo que não sou / e que me tornarei, / não por estado recuado em mim, mas por vontade sobre mim e comigo, isto é, um desumano sem coração nem alma / e sem inteligência nem mente, / uma ideia do corpo absoluto.[17]

Nesse campo extraordinário, ele continua a operação singular de esvaziar o corpo, comprimir o fora do corpo e dobrar esse fora e ganhar novamente uma espessura compacta dentro.

Para essa operação, não existe nem fim nem término, ela exige apenas uma perseverança e vigilância ininterruptas, sem descanso. Isso é confirmado em seu texto sobre Van Gogh, no qual o retrato desse pintor realizado por Artaud corresponde a todos os processos de trabalho com a mão que ele executa para construir algo como uma ideia e uma substância do corpo absoluto, isolando o corpo das redes do biopoder com considerável cautela.

2) A busca do esgotamento

Após este longo desvio para uma leitura dos textos de Artaud extraídos principalmente de alguns de seus cadernos – e na perspectiva da biopolítica definida por Foucault –, gostaria de retornar à questão do corpo por Hijikata Tatsumi.

Hijikata, que criou uma nova dança no Japão na década de 1960, estava longe de ser simplesmente o renovador de um gênero de dança já existente. Era necessário que sua experiência profundamente original e singular encontrasse acima de tudo um meio de sobrevivência ou uma saída. Para isso, foi preciso experimentar constantemente o corpo e, ao mesmo

17 Ibid., p. 72.

tempo, a percepção, o pensamento e a linguagem. Nada é seguro. Em seus experimentos e pesquisas, que giram sempre em torno do corpo, ele colocou em questão simultaneamente muitas coisas, de modo que a criação de uma nova dança foi para ele apenas uma parte de seu projeto, um dos frutos de tudo o que ele procurou e experimentou.

Sua escrita é preciosa como traço do itinerário percorrido por suas pesquisas e experiências. Ele muitas vezes descreve as memórias do corpo da criança que ele era, redescobre e revive esse corpo infinitamente aberto a tudo, ao ar e ao vento, às luzes e à escuridão, às respirações e aos olhares, à vida dos insetos e dos animais, até ao cheiro e ao mofo. As memórias do corpo doente ou do corpo dos deficientes que vivem perto dele estão muito presentes. Não é para enaltecer a nostalgia da infância. Ao reviver todos os eventos que visitaram o corpo da criança, Hijikata tentou recriar um corpo singularmente aberto ao fora. E, ao procurar este espaço aberto, ele buscou fazer uma revolução (uma de suas performances monumentais é chamada *Revolta da carne* [*Nikutai no hanran*]), que destruía todas as fronteiras que determinavam os contornos e as formas de vida social, razoável, moral ou sentimental. Mais uma vez, podemos dizer que, em Hijikata, há uma percepção de vida que está em estreita ligação com o biopoder do qual acabo de falar.

Vemos que existem pessoas extremamente sensíveis ao que bloqueia a vitalidade, mutila a vida do corpo e impede de "dilatar o corpo de minha noite interna", que significa dilatar a opacidade e a abertura próprias ao corpo. Hijikata, Artaud, Pasolini, Jean Genet são dessa raça, partidários da vida singular do corpo. Hijikata se interessava muito por todos eles. E também penso em Espinosa como um dos primeiros filósofos que afirmam o ser do corpo como poder permanente para afetar e ser afetado, o corpo absolutamente fluido composto de partículas infinitas que variam sem cessar. Esta filosofia foi inteiramente constituída para defender a vida contra os poderes e as instituições de morte que a ameaçam.

Vejamos o que Hijikata escreveu em 1969:

As danças no mundo começam com o gesto de ficar em pé. Mas eu comecei por não poder me levantar. Eu estava em um beco sem saída. Eu não era um corpo vidente mijando inconscientemente antes que algo aconteça. O estado desta paisagem era como o de um mistério transformado em inseto, mas não era como as articulações de um esqueleto que permanece depois que a velocidade inapreensível deixa o corpo. Eu ia em direção à terra natal do corpo. Certamente, esse corpo dobrado tem uma forma que pode servir para retomar a força, mas é porque ele se formou a partir de uma fenda, quando a paixão que se agarrou à boia do xamanismo secou, se esgotou. Os corpos dos adultos que cercavam a criança também eram desse tipo.[18]

Hijikata definiu sua dança butō com a seguinte fórmula muito conhecida: "um cadáver que se coloca de pé, arriscando a própria vida."

Nem uma vez a carne designou o que existe lá, nela. A carne é assim, simplesmente obscura[19]

A escrita de Hijikata é, à primeira vista, ilegível, já que desarticula o japonês comunicativo, normativo. Ela se desarticula ao se encher de uma sensibilidade e densidade extraordinárias através das experiências e pensamentos sobre o corpo que retraçam a "fissura" que ele acabou de definir. A experiência do corpo para ele é especialmente a da fissura. Seu pensamento está profundamente ligado a essa fissura.

Após o início da década de 1970, Hijikata interrompe longamente sua atividade de dançarino, depois a de coreógrafo. Ele queria retomar.

---

18 "Nós herdamos de nossos ancestrais uma tal recarga do corpo que faz as pessoas chorarem" (*Hito wo nakaseru yōna karada no irekae ga watashitachi no senzo kara tsutwatteiru*), *Belo céu azul* (*Bibō no aozora*). Tōkyō: Chikumashobō, 1987, pp. 86-87 / *Obras completas* (*Zenshū*), t. 1.Tōkyō: Kawade Shobō Shinsha, 2005 pp. 233-234.

19 Ibid., p. 87/p. 234.

A morte o impediu. Como vimos, a sua última criação foi um livro intitulado *Dançarina doente* (*Yameru Maihime*), cujo tema é apresentado assim pelo autor:

> Eu quero me aproximar do mundo da infância ao expor abertamente o que se passava no meu corpo.[20]

Tudo isso indica que, para Hijikata, havia coisas mais importantes do que a dança. A dança não existia anteriormente. Era necessário reinventar a dança e redescobrir o corpo. Aqui está a pergunta que ele faz:

> O que aconteceria se colocássemos uma escada no corpo e descêssemos ao mais profundo?[21]

Algo singular, em sua experiência também singular do corpo, o forçou a dançar. Era necessário dançar para conhecer e exprimir o que o corpo viveu de singular. Mas essa experiência não cessa de se dilatar, não cessa de ultrapassar a dança. Hijikata é extremamente sensível a tudo o que se instala, se congela, se formaliza e pesa sobre as artes e as expressões. A dança não é uma exceção. Tudo o que é expresso, mesmo com delicadeza e sinceridade, pode trair aquilo que deveria ser expresso ao torná-lo explícito, externalizado. Hijikata procurava algo que transbordasse a dança através da dança. Essa alguma coisa ultrapassa a dança, mas também zomba dessa ultrapassagem. A dança é experimentada para questionar essa *alguma coisa*, esse gesto de ultrapassagem.

Sua escrita está cheia de perversidades que traçam fielmente esse movimento complexo e marcam todas as suas criações e experiências. Eu adorava a sua perversidade e seu humor. Ele questionou muitas coisas:

20 "Peregrinação butō" (*Butō angya*) in *Obras completas* op. cit., t. 2, p. 149.

21 "Esvaziar as trevas da carne" (*Nikutai no yami wo mushiru*) in *Obras completas* op. cit., t. 2, p. 11.

Nossos olhos talvez estejam perdidos do fato de que eles olhos.[22]

As mãos do senhor Takiguchi não cessam de transgredir as funções realistas das mãos.[23]

Foi Merleau-Ponty quem disse:

Uma mão não é suficiente para tocar.

Um órgão nunca é inteiramente definido por sua função parcial e organizada. Merleau-Ponty queria dizer que o corpo, que não é um objeto, nunca se reduzirá a funções visivelmente e localmente determinadas. É uma espessura que existe antes que sujeito e objeto se dividam. Hijikata, que é também um filósofo do corpo, põe em questão os órgãos e suas funções, o olho que vê, a mão que toca. Ele está diante e num tipo de caos que exclui os órgãos funcionalmente determinados. Esse caos é uma profundidade em que nada mais é discernível, em que só é possível medir o que aparece aí.

Na língua japonesa, existe uma expressão significativa: "não saber onde colocar o corpo". É verdade que todos nós fomos lançados neste mundo sendo um único corpo isolado. Este corpo é isolado do mundo e ao mesmo tempo acorrentado ao mundo, invadido pelo mundo. Este corpo está entre outras coisas e outros corpos, tendo uma distância entre eles e medindo constantemente essa distância. Mas a distância não para de variar no espaço que constitui o mundo com sua profundidade imperceptível. Forma, tamanho, qualidade, tudo o que é mensurável sai dessa profundidade. Certamente todos podem descer até essa profundidade. Não há nem regra nem fórmula para medi-la bem.

22 "Chega de dança" (*Odoru koto da*) in *Obras completas* op. cit., t. 2, p. 11.

23 "Quando uma linha parece uma linha" (*Sen ga, sen ni nite kuru toki*) in *Obras completas* op. cit., t. 1, p. 265.

Foi necessário, portanto, sondar o imensurável e, para isso, arriscar destruir a dança como forma de expressão. Em sua escrita, Hijikata podia ser mais livre do que na dança, especialmente porque podia deformar e distorcer ao forçar cada vez mais seus limites. Não seria possível arriscar o corpo da mesma maneira.

Tive a sorte de testemunhar uma conversa interessante entre Hijikata e Tanaka Min. Um dia, Hijikata disse a Min, num tom ao mesmo tempo simpático e provocador:

Nascer já é uma improvisação, por que você improvisa a dança?

Acho que há uma grande questão aqui. Existe um desejo singular de refazer o nascimento, de realizar o segundo nascimento. E não é apenas a história de um pessimismo desesperado, negativo e odioso contra a vida. Hijikata se exprimia frequentemente com alegria:

Eu já nasci destruído, fui quebrado desde meu nascimento, nasci com uma fissura.[24]

O dançarino de butō deve ser como um cadáver que se levanta. E não é apenas Hijikata que diz esse tipo de coisa sobre o nascimento e que o torna fundamento poderoso da criação. Fiquei impressionado um dia ao ler uma fala de Samuel Beckett numa conversa com Charles Juliet, e não foi Beckett, mas Jung que havia dito antes essas palavras sobre uma jovem paciente. Beckett as escutou em uma conferência de que havia participado. Segundo Jung:

---

24 "Um cuco chega desdobrando e batendo suas asas de ossos" (*Jihishin dori ga basabasa to hone no hane wo hirogete kuru*) in *Obras completas* op. cit., t. 1, p. 363.

Na verdade, ela nunca nasceu.[25]

É obviamente assustador. Mas parece que Beckett pega novamente essa frase, deslocando um pouco o contexto. A frase de Beckett é também assustadora, mas de uma outra maneira. Fiquei impressionado com isso, especialmente porque um dos textos enigmáticos e engraçados que compõem *Pour finir encore* começa assim:

> Eu renunciei antes de nascer, não é possível de outra forma, era necessário, no entanto, que isso nascesse, foi ele, eu estava dentro, é assim que vejo a coisa, foi ele quem gritou, ele que nasceu, eu não chorei, eu não nasci...[26]

Então, eu não nasci, no fundo nunca nasci, é ele, aquela outra pessoa que nasceu em meu lugar. Aqui, o nascimento não é sequer improvisado, é a recusa da improvisação, a recusa do fato de nascer, de ser criado. A recusa de nascer com o inato. Porque o homem nasce, mas sendo inato. Isto é o que é terrível, insuportável para alguns.

Artaud escreveu justamente sobre essa questão:

> Eu sou um genital inato, ao olhar de perto, isso quer dizer que eu jamais me realizei. Há imbecis que se acreditam seres, seres por inatismo. Eu sou daqueles que, para ser, precisa escapar de seu inatismo.[27]

Um genital inato é, portanto, alguém que tenta nascer por si mesmo, fazer um segundo nascimento para excluir aquilo que lhe é inato. Porque se sou inato, eu nunca nasci. No fundo, eu nunca nasci. Nas obras de Beckett, esse eu que não nasceu, que recusa o nascimento, escreve sobre o outro

---

25 Charles Juliet, *Rencontre avec Samuel Beckett*. Montpellier: Fata Morgana, 1986.

26 Samuel Beckett, *Pour finir encore*. Paris: Éd. de Minuit, 1991 p. 7.

27 A. Artaud, *Œuvres complètes*, t. 1. Paris: Gallimard, 1984, p. 9.

eu que nasceu. Essa recusa singular do nascimento, essa vontade de um segundo nascimento, não sei se é sinal de um pessimismo. Em qualquer caso, é certo que se trata de um pessimismo intenso e divertidamente criativo. E a história do "genital inato" é a história de um corpo que questiona seu corpo nascido com todas as funções e órgãos, a mão que toca, o olho que vê, os pulmões que respiram etc. Artaud declarou desde o início uma guerra singular contra os órgãos para defender um corpo sem órgãos. Essa experiência do corpo é primordial para entender o que acontece não apenas nas artes performativas, mas também na escrita e no pensamento. Hijikata realizou, à sua maneira peculiar, essa busca pelo segundo nascimento e pelo corpo que exclui os órgãos.

Os começos são uma questão sempre complicada. Como começar? Desde que você começa, se não há nada antes de você, você não pode nem começar. Mas se já houver algo antes de você começar, você nunca poderá realmente começar. Em suma, você nunca poderá começar nada. É sempre um outro que começa. Um outro que você ignora começa antes de você enquanto você não existe, ou quando você não sabe se algo começou. Você nunca poderá dominar o começo. Artaud, ao dizer "eu sou um genital inato", manifesta a vontade de dominar inteiramente o início, o nascimento? Sim e não. Em vez de dominar o começo, é importante recriar um corpo que tenha o poder de começar, é importante livrar o corpo da consciência ou do projeto de um outro que tenta dominar o corpo. Se você não pode começar, um outro tampouco pode começar. É o corpo que começa sem nada querer dominar, como "genital inato". Hannah Arendt[28] refletiu muito sobre os começos em um contexto político, formulando por vezes em termos de "fundação". A vida política mais dinâmica, aquela que se baseia no pensamento público que os antigos gregos inventaram, está, para Arendt, profundamente ligada à força e ao estado do começo.

28 Hanna Arendt, *Sobre a revolução*, trad. bras. de Denise Bottmann. São Paulo: Companhia das Letras, 2011.

Para ela, a revolução é, em última instância, menos importante do que o começo. A revolução significa o retorno a alguma coisa, imitar um começo com uma razão orientadora, enquanto no começo só existem debates, diálogos, o reconhecimento mútuo, uns dos outros, de suas diferenças. A política do começo é, portanto, criar e recriar o começo como algo que se assemelha a um "genital inato".

Uma das obsessões muito fortes de Antonin Artaud era a de que seu corpo não passava de um autômato manipulado por Deus. Mas ele não queria destruir esse autômato ou livrar-se de seu próprio corpo paralisado. O que ele queria realizar era a reconstrução ou descoberta de um outro autômato que se regenera ao seguir as forças, os fluxos indeterminados. Os órgãos são execráveis na medida em que representam e articulam as ordens que determinam o autômato de Deus (o que corresponde a um certo biopoder). É por isso que Artaud tem que lutar contra seus órgãos durante toda a sua vida. É uma guerra louca, singular e singularmente universal, se refletimos sobre todas as rotinas e dispositivos que objetivam e coisificam a realidade vivida pelo corpo. Esta guerra "para pôr fim ao julgamento de Deus" é especialmente inspirada pela questão do corpo, do genital inato, do autonascimento que exclui todas as determinações: antes de tudo aquilo que vem principalmente das instituições e das tecnologias, visíveis ou invisíveis, que visam a gerir corpo.

A vida e o corpo são no fundo uma mesma coisa. Mas para que seja assim, é preciso descobrir o corpo em sua própria força de gênese, porque o corpo é este lugar existencial único e, além disso, político, em que se acumulam, reúnem, dobram todas as determinações da vida. É um campo de batalha onde se entrecruzam as forças visíveis, invisíveis, a vida e a morte, e onde se cruzam as redes, os poderes e os tráficos.

Hijikata escreveu um pequeno texto de densidade surpreendente, como sempre, intitulado *A pantufa de Artaud* (1971). Para ele, não sei por quê, Artaud foi encontrado morto, sentado ao lado de sua cama, com uma pantufa na boca.

Nossa vida está nas mãos de uma raça que tem o espírito caridoso e que não para de caminhar em direção à morte. Para continuar uma ação que é possível apenas uma vez e que sua fisiologia exige, Artaud deseja sob um novo nome o teatro, isto é, a carne, que sempre foi considerada um delírio antípoda ao pensamento... Diante do desejo insaciável da vida, por quem, por qual pensamento a ponta da dor e a linha do horizonte de nossas capacidades são traçadas? Artaud rachou essa ponta e esse horizonte, ele impôs um novo teste sobre o pensamento da carne. É nesse momento em que ele percebe que o buraco onde apodrece o pensamento está se reformando na carne que o precede, como um vazio palpitante de terror... Somos obrigados a retornar à pantufa que ele tinha na boca no dia de sua morte: que tipo de última confissão era aquela? ou aquilo significava um pensamento perfeito?[29]

---

29 "A Pantufa de Artaud" (*Arutoo no surippa*) in *Obras completas* op. cit., p. 118.

5. DE UM TEATRO VEDADO

1) O teatro para Hijikata

Existe uma lacuna intransponível entre linguagem e corpo. As palavras chamam as palavras e fazem surgir entre os corpos e para além dos corpos uma dimensão autônoma. As palavras participantes do incorpóreo operam no corpo, comandam o corpo. Apesar de tudo, há um corpo profundamente penetrado pelas palavras. Palavras que não existiriam sem corpo, refletindo sensivelmente os estados do corpo. As palavras de Hijikata nos obrigam a repensar tudo isso. Raras são as palavras que grudam tão fielmente à realidade do corpo e são capazes de, ao mesmo tempo, voar e dançar, livres do corpo.

A boca que come, grita, ri, beija é incompatível com aquela que fala.

Alguém que fala, escuta, escreve e lê quase não percebe seu próprio corpo. A função da linguagem, que se realiza com a visão e a audição, é tão bem estruturada que parece inabalável e nunca deve ser afetada por uma flutuação corporal. A troca de signos não constitui a comunicação entre os corpos.

A partir do momento em que o corpo intervém sobre a linguagem, esta opera desajeitadamente.

Uma criança não aprende apenas uma língua, ela adquire a estrutura da língua ou injeta as palavras como estrutura em seu ser. Essas palavras, antes de significar, de indicar algo, se instalam numa dimensão vazia, mas sólida (que corresponde ao "simbólico" na psicanálise).

As palavras podem existir sem ter nenhuma relação com os corpos e com as coisas. Um som introduzido na linguagem é apenas uma imagem de som, independente do corpo que emite esse som e também do que é indicado por esta imagem. É por isso que podemos *soliloquizar* por meio de palavras insignificantes sem falar, conversar, ler ou escrever e, na cabeça, as palavras surgem e flutuam incessantemente, significantes ou insignificantes. Esses solilóquios mentais são feitos pela minha voz ou pela voz de um outro? Esta não é nem a voz dele nem a minha. E este eu não pertence nem a uma voz, nem às palavras, nem a um corpo? Um fantasma? Embora o narrador em *Dançarina doente* (*Yameru Maihime*) se chame de mim/Eu (*watashi*).

"Mim/Eu" podem existir como palavras, como corpos. Na verdade, existem ao mesmo tempo como palavras e corpos. Como palavras, livro--me do meu corpo. Excluo as palavras, existindo como corpo.

Hijikata Tatsumi certamente experimentou esta ruptura e a interpenetração entre as palavras e o corpo, e experimentou-as flutuando entre os dois polos. Se as palavras de Hijikata parecem tão estranhas e excepcionais, é porque aquilo que acolhem é o que não pode ser expresso pelas palavras cotidianas, ampliando-se excessivamente. As palavras são, portanto, desfiguradas, instáveis. Elas são rasgadas e racham. Mas também são estranhamente rápidas, leves. As palavras, despedaçadas, continuam apesar de tudo a encontrar uma vibração rítmica, desenhando figuras singulares como nuvens, nevoeiro. Elas são rápidas porque estão livres da carne. Mas, na realidade, essa velocidade vem da percepção e do pensamento vivido numa dimensão do corpo anterior à linguagem.

A falta de gravidade cujo próprio corpo percebe me ensinava os gestos de devorar rapidamente as formas flutuantes num pensamento efêmero.[1]

As palavras não param de se fazer injetar esses gestos. Não importa se um movimento é rápido ou lento. O que é singular é o tempo vivido por Hijikata. Existe a infinita descrição das sensações e percepções do "meu menino" decomposta em partículas, nas quais Hijikata diz:

1 "Dançarina doente" in *Obras completas* (*Zenshū*), t. 1. Tōkyō: Kawade Shobō Shinsha, 2005, p. 15.

[...] essa imagem de mim, não há nem infância nem passado.[2]

Ela não é nem adulta nem criança; não tem nem presente nem passado. Ou melhor, por "essa imagem de mim", o tempo é vivido ao mesmo tempo como passado e presente, como criança e adulto, repetido, entrelaçado. A dança de Hijikata também estava sem dúvida neste tempo. Se esse tempo e experiência fossem introduzidos em um teatro, o que aconteceria? Terayama Shūji, homem de teatro inovador, contemporâneo de Hijikata, escreveu:

O encantador jogo dos corpos de Hijikata Tatsumi e Kasai Akira se oferece a nós como um problema do Único recoberto pela multiplicidade e pela heterogeneidade. Para falar a língua de Eliade, trata-se de uma "busca pela existência final" e pelo "movimento infinito das forças fantásticas do Universo de *Vedanda*, da busca pela Libertação como *Sankhya* e *Yoga*" e estes são atos de avatares fantásticos da matéria bruta da carne. Eu realmente aprecio o processo de gênese em que a sua dança realiza a tese do Único, mas tenho certeza que essa dança é antiteatral e antidialógica. Portanto, é impossível fazê-los participar de complôs "teatrais". Eles tateiam na escuridão no caminho do xamanismo ao símbolo. Eles são nomeados porque são lindos.[3]

Terayama coloca um pouco precipitadamente os dois dançarinos em um mesmo clã e expõe seu próprio problema ao opor o butō ao teatro. O jogo dos corpos, os atos da matéria bruta da carne, o tatear na escuridão, a busca da existência final... tudo isso é bonito e emocionante, mas eles são "antiteatro", "antidiálogo". Eu não concordo totalmente com esse ponto de vista, mas Terayama parece expor um problema essencial, mesmo sem

2 Ibid., p. 74.

3 Terayama Shūji, *O labirinto e o Mar Morto: meu teatro* (*Meiro to shikai: waga engeki*). Tōkyō: Hakusuisha, 1976, p. 115.

ser absolutamente preciso. O "antidiálogo" indica um conflito que pode existir entre a linguagem do diálogo e a matéria bruta da carne, entre as palavras e o corpo.

Mas qual seria a posição de Hijikata em relação ao teatro? Hijikata escreveu um texto intitulado *A natureza lúdica do teatro* (*Engeki no geemusei*), especialmente para criticar o "teatro do absurdo", em moda na época.

> Desde que perdi em Tōkyō o sentimento pueril que permite ver um homem falando...[4]

O teatro é ou passa a ser, para ele, a arte curiosa de mostrar alguém que fala.

> São depravados aqueles que ganham dinheiro com artifícios psicológicos e jogos grosseiramente mentais para atrair a espectadores, deixando o corpo para trás.[5]

Em comparação a esse teatro da psicologia e da mente, o que tem mais valor são os golpistas à espreita nas feiras do passado, o silêncio dos templos, os gritos dos comerciantes, as fotos de cadáveres de casais suicidas nas revistas e o cinema sujo onde perambulam ratos e sátiros e onde o projetor muitas vezes quebra etc.

Em suma, Hijikata não suporta o teatro psicológico ou metafísico "contemporâneo", que trai o corpo e a coisa. Quando ele diz que há mais teatro na festa e na vida do passado e no cinema popular, e mesmo nas notícias de crimes, ele parece criticar o novo teatro intelectual do seu ponto de vista antimoderno, mas, como sempre, as palavras de Hijikata têm uma torção particular, exigem expressões que "se inclinem em direção às coisas fendidas". E, segundo ele, um dançarino pode fazer o que

4 *Obras completas* op. cit., p. 205.

5 Ibid., p. 207.

o teatro do absurdo não consegue realizar. E esse dançarino não dispõe apenas do corpo, mas também das palavras, manipulando-as como um malabarista.

> Quando as palavras na língua não conseguiram ganhar pontos, podemos desviar o movimento ao máximo, romper completamente seu relacionamento com as palavras e as relançar na língua. Podemos repetir dessa maneira infinitamente. Nesse jogo aberto, as palavras são como uma bola; elas caem em buracos ao longo do movimento e marcam pontos. Dessa maneira, as palavras capturadas pelo movimento tornam-se dança. Em uma relação obscura entre o movimento e as palavras, existem ações sem nome que vão inflar, permitindo captar abruptamente as palavras e colocá-las em um prato.[6]

O que Hijikata propõe aqui é uma experiência que consiste em fazer funcionar as palavras como uma dança, ou encontrar a dança na fissura ou na colisão entre as palavras e os gestos. Não sabemos se ele criou um trabalho de dança dessa maneira, mas em uma gravação conhecida pelo título *Um cuco chega desdobrando e batendo suas asas de ossos (Jihishindori ga basabasa to hone no hane o hirogete kuru)* – e que é uma performance vocal mais do que uma narração –, ele procurou de alguma forma tatear o limite da linguagem e do corporal ou do gestual, operando nos limites. De fato, o teatro o interessava apenas pela possibilidade de experimentar os limiares entre as palavras e o ser do corpo.

Terayama também era certamente sensível à presença do corpo em seu teatro e, desse ponto de vista, não podia ser indiferente às experiências da dança butō de Hijikata. Mas ele acreditava que os maravilhosos bailarinos de butō centravam-se no aprofundamento ou na criação de um belo transcendente, enquanto o seu teatro visava antes de tudo uma intervenção experimental em uma dimensão social ou dialógica.

---

6 Ibid., pp. 210-211.

Mas para Hijikata as palavras já são matéria para a dança, e não importa qual pedaço das palavras, ruídos gaguejantes ou nada além de "Desculpe-me por…"; tudo poderia servir. As palavras e os gestos são igualmente insignificantes, mas presentes sem se definir, e podem cristalizar figuras em uma relação obscura.

Terayama considerava o butō como antiteatral, como uma ação em um espaço fechado que apenas elabora e afia a beleza da carne, mesmo que a partir da crueldade. Ele muitas vezes saiu do teatro para as ruas, para os grandes conjuntos suburbanos, para os banhos públicos, e tentou envolver as pessoas sem preveni-las de suas aventuras experimentais. A seu ver, não se deveria permanecer fechado na individualidade, na carne, numa sala fechada. Era necessário que o teatro perturbasse, inquietasse a moral e as instituições. Ele queria dizer a Hijikata que o butō "manipulava"[7] demasiadamente o corpo em um espaço fechado, enquanto, para Hijikata, o teatro experimental de Terayama ainda parecia um teatro do absurdo, muito intelectual e idealista.

Terayama era, por um lado, um poeta talentoso e um intelectual bastante esnobe, pedante e atento à moda. Mas, por outro lado, também era resistente ao teatro quase institucional importado do Ocidente desde o início do século no Japão. Ele se ligava, em vez disso, ao teatro popular, *naïf*, feito nos subúrbios, e compartilhava com Hijikata o gosto pela diversão popular e bruta, realizando uma espécie de síntese entre a tradição popular e o vanguardismo ultramoderno.

Em resposta à crítica de Terayama, que afirmava que o butō manipulava demasiadamente o corpo em um espaço fechado, Hijikata disse: para onde virar, o corpo vai se abrir, e será um corpo sem necessariamente refletir.

É preciso confrontar este problema com mais paciência; eu me interesso muito por esse tipo de energia, mas, se abortamos essa energia com um juízo

---

7 *Mita Bungaku*, janeiro de 1961, p. 14.

de valor apressado, não poderemos respirar. [...] Deve-se examinar bem e trabalhar atentamente a juventude automática cuja performance destrutiva é sempre lucrativa.[8]

A aposta para Terayama era um novo teatro, e, para Hijikata, uma nova dança. Naturalmente, suas buscas são diferentes e seus caminhos divergem. Mas há problemas mais complexos a serem examinados. Por esse motivo, podemos reformular a questão. Pergunto-me o que era o teatro para Hijikata quando a dança estava incluída. Que tipo de teatro oferece potencialmente a *Dançarina doente*?

Já existem exemplos de apresentações inspiradas nesse livro, pelo menos em seu título, como propôs Boris Charmatz, na França, por exemplo. Existem outros. Mas o problema, aqui, não é como atuar ou adaptar, mas perguntar que concepção teatral está incluída nas palavras e pensamentos de Hijikata.

A proposta de Hijikata é sobretudo descer até as dobras do corpo e recolher todos os traços e fluxos que acompanham cada movimento como sombras. Essas dobras, essas sombras, esses fluxos, ele os reinjeta nas palavras, e com essas palavras ele examina e faz proliferar dobras, sombras e fluxos. Em uma performance de dança, ele exclui as palavras e a virtualidade de um teatro. No entanto, como sempre experimentou com as palavras em suas lições, preparação, pesquisa e escrita, poderia um dia ter introduzido um pedaço de linguagem em sua dança e nela lançar algo de teatral. Poderia... Mas isso é apenas uma pequena fantasia pessoal, um devaneio.

No entanto, penso em um teatro que existiria em uma dimensão mais virtual ligada ao tempo em que Hijikata continuava fielmente a sua observação e a elaboração de suas experiências da carne. O dançarino que escreve "para essa imagem de mim, não há nem infância nem passado", não para de observar eventos impossíveis de definir, como a infância ou o

8 Ibid., pp. 12-13.

passado. Ele inventa ou constitui um tempo a cada momento como espectador e ator. Por conseguinte, é possível dizer que havia um outro teatro desconhecido em Hjikata que criticava o teatro do absurdo e encontrava na vulgaridade da performance popular um teatro antimoderno autêntico.

2) Um olhar sobre metempsicose

> Olhe bem. Esse verme vive, mesmo sem respirar. Você vê essa pequena criatura de fumaça, cujos quadris são esmagados, caminhar em nossa direção. Essa criatura está fazendo, de alguma forma, sua metempsicose.[9]

Assim começa *Dançarina doente*. O que alguém me diz, não sabemos quem pronuncia.

> Eu fui criado com um jeito de assombrar o corpo, participando de uma observação que me teria sido ensinada.[10]

"Esse verme de fumaça vivendo sem respirar" quase se confunde com o corpo do narrador-criança que se encontra "entenebrecido". Este "eu" é também um verme em metempsicose suspenso entre a vida e a morte. Ele é também assombrado pela "contração e consideração" dos velhos que admitem a vaidade do corpo. "Meu menino", ou o menino que "eu" era, conservara "uma estranha clareza como se ele apenas vivesse com indiferença". Ao seu redor, existem apenas corpos macios e difusos, sem contornos claros assim como figuras desarticuladas. "Eu" também vivo em um espaço abstrato onde "os sentimentos se transformam em

---

9 "Dançarina doente" in *Obras completas* op. cit., p. 11.

10 Ibid.

sombras miseráveis" e o corpo é "sem intermediário nem processo".[11]
Eu descobri, ao ler os cadernos de Antonin Artaud, esta expressão:

A larva teatral do meu pensamento.

Isto é para dizer que ele não assistia a um teatro infantil, mas que o teatro tratava fundamentalmente de uma vida larval, em que há a dança desse verme em metempsicose e o teatro dessa larva.

Eu teria procurado uma oportunidade de cobrir o corpo com névoa e inventar coisas no nevoeiro.[12]

Hijikata-criança imita constantemente essa larva, o verme de fumaça, e os objetos ao seu redor se contaminam. E todas as experiências de Hijikata em *Dançarina doente* consistem em imitar a criança que imita tudo. Este projeto foi realizado até o final, sistematicamente. Isso exigiu, finalmente, que Hijikata dançasse sozinho, talvez como esse verme de fumaça. Mas antes disso, houve o longo exercício de observar, simular e refazer esse verme, essa "larva". Havia também a exigência do teatral.

As palavras para explicar, contar e argumentar são muito lentas, impõem apenas as formas e os contornos das coisas. Hijikata nunca parou de procurar palavras que pudessem escapar dessas formas e contornos. Como é possível encenar sua escrita desorientadora, sem órbita, quando se pensa em um teatro possível? Eu faço essa pergunta, já que há um teatro virtual no espaço e no tempo de *Dançarina doente* e resta descobrir uma estrutura e uma composição que corresponderiam a essa virtualidade.

Coreografar um texto tão consistente não é fácil. Não estamos acostumados a conceber um texto e a olhar para os gestos ao mesmo tempo, se

11 Ibid., p. 14.
12 Ibid., p. 12.

eles não estão codificados para uma comunicação cotidiana (movimento dos braços, dos ombros para completar o sentido, a emoção). Por que é tão difícil seguir o discurso e conceber gestos simultaneamente se eles não estão sistematicamente ritmados como nas artes tradicionais, como o nō, o kabuki, os gêneros de ópera e a comédia musical?

Seria necessário apenas o acordo entre a linguagem rítmica e o gesto rítmico, embora os ritmos possam existir em diferentes níveis, com métricas diferentes. Eu consigo apenas imaginar alguém lendo um fragmento de *Dançarina doente* e um dançarino que dança inspirado pelo texto. Ou a mesma pessoa que diz o texto e dança. É preciso descobrir uma ligação desconhecida entre a voz e o gesto? Certamente seria preciso encontrar e retrabalhar sobre essa mudança ou disjunção entre a voz e o gesto, entre o texto e a presença do corpo, entre o pensamento através das palavras e a sensação expressa pelo gesto. Seria necessário, se não se trata nem de uma síntese nem de uma harmonia, descobrir os ritmos em diferentes ordens e sua ressonância.

O narrador em *Dançarina doente* não para de falar do corpo (*karada*) e daquilo que o rodeia.

> A falta de gravidade que o corpo sentia me fazia descobrir o gesto pelo qual engolimos prontamente as formas que surgem por acaso no pensamento.[13]

> Coisas diversas assombravam o corpo privado de contornos e quando essas coisas decolavam, o vento parecia ficar impresso no corpo.[14]

A criança não para de observar esse corpo e esses gestos são realizados dessa maneira, como lição de dança. Mas essa observação chega a uma dimensão quase estranha, ultrapassando a dos materiais ou das lições para a dança.

13 Ibid., p. 15.
14 Ibid.

Tudo o que se detinha ao meu redor, eu via morrer completamente ao deixar os veios do bosque que são o eu. Após a morte desse eu, subsistirá a figura do eu que cruza os braços.[15]

Este corpo apresenta uma figura entre a vida e a morte. Ele é esse "animal em metempsicose". E este corpo se faz enxergar e, principalmente, inventar através das palavras. Como Artaud, podemos chamar esse corpo de uma "larva teatral". Larval, esse teatro é arruinado, mal-educado, imaturo, abortado, perdido. Mas o teatro real pode ser algo assim também, sem dúvida, contrariamente ao que o teatro representa para muitas pessoas. Além disso, o que Hijikata fez foi simplesmente dança, e não teatro. Mas a invenção singular de uma linguagem em torno da dança realizada por Hijikata nos faz pensar em uma arte singular que combina essa linguagem e a dança.

O teatro do corpo continua repetidas vezes.

Para levar o corpo para um lugar desconhecido, o calor estranho desfez a armadura do céu e finge dobrar as articulações do vento com os ossos.[16]

No corpo, há algo que cai interminavelmente, e então o corpo, ao me esquecer começa a correr para submergir a pele.[17]

Diferentes figuras humanas de maneira franca descascavam meu corpo.[18]

A sensação de um combate no interior do corpo, sem saber como me proteger ao desacelerar o corpo, esbocei as entranhas do vento.[19]

15 Ibid., p. 104.
16 Ibid., p. 33.
17 Ibid., p. 35.
18 Ibid., p. 36.
19 Ibid., p. 37.

O tempo que parece decifrar os naufrágios que colam ao corpo, se anexa ao corpo e se desfaz.[20]

Sinais captaram-me, como se meu corpo me simulasse ao se sobrepor sobre mim.[21]

Do interior do meu corpo alguma coisa parecida com uma falésia saiu e se instalou contra o sol como uma sombra imensa. Eu caminhava nessa falésia em zigue-zague, como se deslizasse.[22]

Um outro está saindo de meu corpo bruscamente como quando rabiscamos.[23]

Esses eventos atordoantes do corpo, sobre o corpo e no corpo, podem fornecer materiais infinitos a diferentes artes. É necessário um personagem ou vários que sejam, ao mesmo tempo, criança e adulto, mulher e homem, pertencente simultaneamente ao passado e ao presente, uma espécie de personagem múltiplo. É isso que Hijikata continuava a fazer em sua criação, em sua coreografia. Seria necessária também uma máquina do tempo que pudesse trabalhar à distância, remoer o longe e o perto, torcer, dobrar e conectar dentro e fora.

Dançarina doente nos dá essa possibilidade, essa visão do teatro que ultrapassa a dimensão da dança. Ao agitar o corpo com as palavras, perseguindo as palavras por meio do corpo, Hijikata descobriu uma "comunicação" sem dúvida desconhecida entre a linguagem e o corpo. É numa ordem minúscula, quase imperceptível, que Hijikata trabalhou e elaborou no encadeamento da linguagem e do corpo. Não é o caminho de

20 Ibid., p. 40.

21 Ibid., p. 41.

22 Ibid., p. 46.

23 Ibid., p. 50.

Terayama. Seu teatro é dialógico entre os corpos e está na cidade e na sociedade, mesmo que elas pareçam um deserto. A humanidade torna-se humanidade com a linguagem, e, então, escapa da linguagem. A música, a pintura, a dança, a fotografia e o cinema são tentativas de existir fora da linguagem com a imagem, a cor, os ritmos, o gesto, o movimento, que são linhas de fuga. Mas as palavras voltam e intervêm sempre e as imagens não são jamais intactas em relação às palavras.

A arte de elaborar toda a expressividade das palavras deve-se antes de tudo à literatura, enquanto a dança é uma arte que sonda e explora toda a expressividade do corpo e do gesto, ainda mais que o teatro. O teatro, como arte de "mostrar o homem que fala", é totalmente sincrético em relação ao gesto a às palavras, sem excluir a relação com o público. Terayama, que se lançou no teatro ao abandonar mais ou menos a literatura, o compreendia bem ao se apegar à dimensão pública do teatro. Para ele, a sociedade tem necessidade do teatro para se fazer criticar, para provocar a resistência. Logicamente, o teatro pode também mostrar um homem silencioso que se nega a falar ou compartilhar o tempo que passa entre as palavras, os corpos, os objetos, o espaço etc. Dissecar, acordar, estremecer o que é público. Terayama tinha lucidez da razão de ser do teatro. Ele até convidou os espectadores a subir ao palco e tomar soníferos. Ele tentou de todas as maneiras romper o tempo cotidiano, revertê-lo, acordar o público (mesmo depois de tê-los feito dormir). Ele não queria introduzir um sujeito político sobre o palco, mas desejava que seu teatro fosse um ato político bruto.

No entanto, sua crítica em relação a Hijikata não é totalmente convincente, pois consiste em dizer que a arte de Hijikata é antiteatral e que sua dança se concentra de maneira demasiadamente estética a tripudiar a carne num espaço fechado, mesmo que existissem certamente dançarinos legendários que chegaram a dançar como entes sobre-humanos angelicais. Sabemos que a dança de Hijikata nunca foi desse tipo. Ele foi profundamente terrestre, estranhamente consumido pelo fim, procurando a dança sem dançar. Sua busca era cada vez mais íntima com a morte, com uma vida submergida pela morte.

Eu absorvi sem falhar por meus poros o vento que certamente soprava sobre a pele de uma pessoa morta.[24]

O homem que sou teria terminado neste momento.[25]

Eu nasci um esqueleto.[26]

E citemos mais uma vez.

Tudo o que se detinha ao meu redor, eu via morrer completamente ao deixar os veios do bosque que são o eu. Após a morte desse eu, subsistirá a figura do eu que cruza os braços.[27]

Uma dança de alguma forma "sublime" com um corpo forjado, aperfeiçoado, que chegaria a uma beleza transcendente... a busca de Hijikata está longe disso. O corpo da criança procurado e redescoberto se confunde com o corpo envelhecido, esgotado, e afasta-se da dimensão da memória de um corpo individual. As partículas da vida trocam-se, comunicam-se, continuam a dialogar e repetem constantemente entre elas a vida e a morte, iluminadas pela luz da morte. Existe um teatro possível mais do que uma dança, então um teatro impossível de realizar?

Esse teatro gira em torno do irrepresentável. Essa impossibilidade também diz respeito ao possível e ao impossível do que é "público", do que

24 Ibid., p. 84.
25 Ibid., p. 94.
26 Ibid., p. 96.
27 Ibid., p. 104.

está ocioso no teatro. E essa teatralidade diz respeito à experiência da morte de Hijikata em pessoa. É impossível experimentar a morte, mas é possível acolher esse impossível na profundeza da vida. O sentido da morte, em Hijikata, é singularmente dobrado e redobrado. Sem dúvida, o teatro mais notável é sempre o teatro da morte (incluindo o teatro nō). Mas também há uma dança da morte.

Hijikata definiu sua dança uma vez como a de um cadáver levantando-se, uma dança após a morte, negando a dança da vitalidade orgânica. Não é a dança do zumbi, do fantasma, nem aquela de um réquiem. Não é o teatro da morte ao modo de Tadeusz Kantor, que pôde escrever:

Somente os mortos são Perceptíveis (para os vivos) obtendo assim, pelo preço mais alto, seu estatuto próprio sua singularidade sua SILHUETA resplandecente quase como no circo.[28]

A fronteira entre a vida e a morte para Hijikata é muito fina. A morte é vivida incessantemente, de minuto a minuto, por toda parte. Se o teatro é uma pesquisa do público, da comunidade à beira da sua dimensão atualizada, também é uma chance de divulgar e tornar visível tal morte.

No final de *Dançarina doente*, há uma cena excepcional na qual duas mulheres ("Manto negro" e "Manto branco") dialogam na neve profunda. Seria este um diálogo que somente um teatro impossível poderia cristalizar, como uma miragem ou o presságio de uma dança desconhecida que o "corpo esgotado" (*suijakutai*) finalmente teria apresentado, depois de uma busca sem precedentes sobre a dança e a morte?

---

28 Tadeusz Kantor, "O teatro da morte", trad. bras. de Sílvia Fernandes in *Sala Preta*, v. 2, 2002, p. 95.

Curso prático de butō no Asubesuto-kan [Palácio de Amianto], 1985
© Tatsuruhama Yōichirō

Curso no Asubesuto-kan com Ashikawa Yōko, 1985
© Tatsuruhama Yōichirō

Os enigmas de Hijikata

Hijikata utilizando uma pintura de Nakanishi
Natsuyuki em seu curso, Asubesuto-kan, 1985
© Tatsuruhama Yōichirō

Hijikata Tatsumi em seu escritório durante um curso, 1985, Asubesuto-kan, © Tatsuruhama Yōichirō

1. ATÉ A *REVOLTA DA CARNE*

1) Impressões do encontro

Na primavera de 1983, quando conheci Hijikata pela primeira vez, ele já era alguém cercado por uma espessa aura mítica. Aparentemente, ele próprio desejou criar uma série de mitos, que conseguiu manter escrupulosamente. No entanto, durante nosso encontro, como se ele tivesse saído dessa névoa mítica, sua presença era sóbria e se apresentou para mim sorrindo. Que tipo de mitos foram criados? Eu não sabia de fato. Eu tinha visto, quando ainda era estudante em Kyōtō, uma das obras criadas por Hijikata: *O pequeno guarda-sol* (*Kohigasa*). Nessa época, ele próprio não dançava mais no palco há anos. Mesmo que aquilo não tenha me abalado, essa performance me deixou uma impressão poética excepcional, como uma das raras obras cênicas que vi durante esse período. No entanto, além disso, eu compartilhava as impressões de Hijikata como sendo uma pessoa que perseguia uma experiência terrivelmente ousada e provocativa e, sem dúvida, guardava vagamente na memória uma impressão um tanto lendária.

Foi Tanaka Min, que apareceu na França em 1978 e que me fez descobrir a dança como uma arte essencial, existencial, como se ela fosse meu próprio problema inevitável e me inspirou a conceber o ato e o corpo da dança como uma questão essencial. A dança perturba, desloca e provoca o pensamento.

Tanaka Min me fez encontrar Hijikata assim que voltei ao Japão. Ele estava ocupado preparando uma série de slides de imagens de suas apresentações em um pequeno teatro em Tōkyō. Mas parecia bastante disponível para qualquer encontro. Ficou imediatamente curioso para me ouvir; um jovem pesquisador que estava trabalhando sobre Artaud e que acabara de voltar da França.

Não escrevo para fazer um memorial deste encontro. Mas se nos perguntarmos quem era Hijikata Tatsumi, o que ele realizou ou tentou realizar, o que ele pensou e procurou, repenso naturalmente naquilo que recebi dele, nos sinais de sua presença que capturei pela primeira vez. A força está em reconduzir minha questão com essas memórias.

Hijikata apresentou-se diante de meus olhos pela primeira vez como um extraordinário homem da palavra. Nunca vi uma performance de Hijikata como dançarino. Assim, sua dança continuou como um objeto ausente em uma grande escuridão. E depois de sua morte, mais uma vez fiquei surpreso ao ver vídeos de suas apresentações – muitas vezes mal filmados ou de maneira incompleta. Tais imagens aprofundam ainda mais o mistério do dançarino. Enquanto fiz parte de sua vida, sempre me senti suspenso num estado de desequilíbrio estranho, entre sua forte presença pessoal e suas experiências de dança que mal conheci. E mesmo após a morte de Hijikata, tive que reviver e ruminar durante muito tempo esse estado de desequilíbrio.

Quanto aos seus textos, além dos dois livros extremamente densos e atraentes, *Com inveja da veia de um cão* (*Inu no jô myakuni shitto suru koto kara*) e *Dançarina doente* (*Yameru Maihime*), havia muitos textos difíceis. A conversa com ele durava a noite inteira, e com frequência até a noite seguinte. Hijikata, de bom humor na maioria dos casos, continuava a realizar uma conversa singularmente séria, às vezes filosófica ou surrealista. Ele falava livremente e fazia perguntas difíceis, às vezes permanecendo sem resposta. Todo mundo, inclusive eu, ficava paralisado para responder. Mas de modo algum ele era um *one-man show*. Todos eram sensíveis e observavam. Nesses encontros tão estranhos durante duas noites às vezes, Hijikata exausto adormecia de repente. Sua fala se transformava em um som de motor em pane sem combustível. Mas na maioria dos casos, Hijikata estava sempre acordado, atento aos convidados.

Até então, eu não havia publicado nenhum livro. Dava-lhe meus textos sobre Artaud, Kobayashi Hideo, pintura etc. Hijikata lia e aprendia quase de cor para conversar sobre esses assuntos. Eu certamente tinha o papel de informante, trazendo ao seu conhecimento o que estava acontecendo na literatura e na filosofia, depois de um período em que ele já havia se alimentado das obras e das amizades de intelectuais e escritores de sua geração. Tentei aprender com ele não sobre dança ou algum conhecimento especial ou episódios particulares, mas, sim, uma espécie de pensamento fundamental, que diz respeito a tudo, como uma ética ou uma arte de vida.

Ele reclamava que seu tempo havia perdido as trevas, erguia-se contra as artes e ideias para "vender", contra a infâmia da prostituição cultural, mas sem ser romântico, puritano ou místico. Seu pensamento era ágil, sóbrio e sinuoso. Sua conversa era sempre repleta de humor, mas ele mantinha um tom suficientemente sério e parecia buscar alguma coisa. O que era impressionante para mim era, sem dúvida, o equilíbrio de seu pensamento finamente medido. As pessoas ao redor de Hijikata eram muito pesadas ou muito leves em comparação com ele.

Sobre Artaud, também Hijikata parecia manter distância de sua imagem muito relacionada ao *Teatro da crueldade*, sua loucura e violência, seus aspectos místicos, ocultos, a transgressão, a destruição etc. Mas, certamente, na representação da *Revolta da carne* (*Nikutai no hanran*, 1968), Hijikata dançou e interpretou a imagem de um herói andrógino, uma festa de transgressão anárquica inspirada, pelo menos parcialmente, pelo Heliogábalo de Artaud. Mas o que pude afirmar durante as conversas com Hijikata eram outros aspectos de Artaud, sua capacidade de pesar e observar rigorosamente os limites do pensamento e do corpo. Artaud era nesse sentido um materialista excepcional para Hijikata (e para mim).

Antes da morte de Hijikata, eu havia escrito alguns textos inspirados por ele, mas, em relação à sua dança, nunca me sentia pronto para escrever. Então, depois de sua morte, era como se eu continuasse a fazer os textos de um luto. Ele era tão singular e particular para mim, mesmo em comparação com intelectuais geniais, brilhantes, que estavam próximos dele, como por exemplo Mishima Yukio, Shibusawa Tatsuhiko, Tanemura

Suehiro, que foram muito importantes e inspiradores para Hijikata. Mas para mim, era necessário achar sua singularidade e distingui-lo de outros grandes talentos. Continuei a ler e decifrar a *Dançarina doente* (*Yameru Maihime*), o *Belo céu azul* (*Bibō no Aozora*) e as *Obras completas* (*Zenshū*), a observar os vídeos de suas apresentações e a acessar as impressões das reuniões amigáveis durante esses três anos que precederam sua morte.

Naturalmente, existem muitas lacunas para completar em meus escritos anteriores sobre Hijikata. Apoiando-me consideravelmente nas impressões e memórias de sua conversa, minhas reflexões sobre Hijikata estavam sempre mais ou menos relacionadas à minha pesquisa realizada sob a inspiração de Artaud e Gilles Deleuze. Ou seja, a minha "interpretação" de Hijikata se encontrava nessa maneira particular que concebi, de acordo com as minhas questões. Sua "dança" permaneceu como um grande objeto x, e minhas impressões das noites com ele e sobre sua escrita extraordinária me deram principalmente material para pensar e repensar, para escrever. Claro que fiquei inspirado e, às vezes, me referi aos muitos textos e depoimentos sobre Hijikata. Mas sempre estive apegado à sua presença e escrevi de acordo com as impressões geradas por suas palavras, sua voz, seu rosto e seu olhar.

No entanto, recentemente, reli os documentos em torno de Hijikata que estão em minha biblioteca, a biografia por Inada Naomi (*Hijikata Tatsumi, Zetsugo no Shintai*. Tōkyō: NHK Shuppan, 2008), a revista *Asubesuto-kan Tsūshin* (n. 1 a 10), edições especiais de várias revistas, arquivos publicados pelo Art Center da Universidade Keiō… e essas leituras me permitiram desviar um pouco de meu pensamento em relação a Hijikata. Perguntas e impressões me visitam novamente com a aparição de um duplo de Hijikata que começa a me assombrar. É preciso que eu repense Hijikata, não poderei mais deixar sua dança em suspensão como um grande objeto x. Há muitos documentos e depoimentos que, agora, me ajudarão a me aproximar dos fundamentos de um Hijikata cujo centro é, sem dúvida alguma, a dança. E eu também gostaria de refletir sobre o que aconteceu desde a *Revolta da carne*, ponto culminante de seu vanguardismo inspirado pelo Ocidente, até o *Projeto do Kabuki de Tōhoku* (*Tōhoku Kabuki keikaku*), que talvez tenha simbolizado o seu "retorno ao Japão".

Essa segunda parte será, então, mais ou menos documental, embora eu não deseje fazer nosso dançarino vestir uma roupa de arlequim colorida ou desenhar um retrato muito heterogêneo.

2) Um centro escondido

Gōda Nario escreveu muitos textos valiosos especialmente para uma descrição e uma reflexão sobre as peças criadas por Hijikata desde a década de 1950. Podemos ler primeiro o que ele observou durante a lendária apresentação de *Cores proibidas* (*Kinjiki*, 1959).

> Primeiro aparece um menino [Ōno Yoshito], ele se move para a direita. Um outro [Hijikata] que carrega uma galinha nos braços, se aproxima do fundo até ficar atrás do menino [...] Hijikata corre na penumbra, quase invisível, mas de maneira bizarra, as pernas estendidas, batendo no chão com os calcanhares por trás de Ōno. Ao perceber que alguém se aproxima, o garoto endurece, angustiado, olha suas próprias mãos, suas palmas, e bate em seu próprio corpo, como se previsse seu destino e decidisse se abandonar. O centro do palco é iluminado por um ponto de luz e quando o menino se aproxima arrastando os pés (ou endurecendo suas pernas), o homem já esperava por ele, logo ao lado do centro iluminado [...], estica seus braços segurando a galinha. Esta bate as asas sobre a luz branca, destacando-se no palco escuro. O menino paralisado recebe a galinha.[1]

---

[1] Gōda Nario, "Notas sobre as obras de Hijikata 2" (*Hijikata Tatsumi' sakuhin nōto 2*) in *Asubesuto-kan Tsūshin*, n. 5, outubro de 1987, pp. 39-40.

O menino estrangula a galinha entre as pernas (na verdade, ela não está morta). Este foi um rito de sacrifício e amor. Depois desta cena, tudo acontece no escuro. O menino está "encantado"; os dois homens se abraçam e rolam no chão. Nós ouvimos gemidos e uma respiração, que são gravações. O homem grita: "Eu te amo" (em francês). Os passos do garoto que foge e do homem que o persegue ressoam. Uma gaita toca um *blues*. O menino visto na penumbra desaparece da cena, a galinha permanece imóvel em seus braços. A imagem do homossexualismo ou do amor com o animal é direta, nem mesmo metafórica. Esta peça fazia parte de um programa que apresentava novos dançarinos, organizado pela Associação de Dança Artística do Japão. Em *Cores proibidas*, não havia dança realmente visível. Os espectadores ficaram indignados, e Hijikata foi expulso da Associação. Hijikata conseguiu fazer um começo provocador e escandaloso. Mas apesar de tudo, Gōda encontrou "alguma coisa de nobre" nesta peça, e escreveu:

> Eu teria entendido melhor esse trabalho, de forma mais equilibrada, se tivesse me perguntado em determinado momento qual era a quantidade de escuro ocupando 90% da cena do começo ao fim. [...] Se tivéssemos olhado as ações do homem, do menino e da galinha ao prestarmos atenção a essa escuridão e a esse espaço, teríamos notado que o sentido de sua presença e ações estavam em outro lugar e que esse espaço e essa escuridão existiam em nós, espectadores, por empatia. [...] O menino, o homem e a galinha residem no escuro, e o escuro é apenas o espaço-tempo dentro da carne do próprio Hijikata.[2]

O escuro que dominava em *Cores proibidas* pertencia mais ao gênio e ao motivo central de Hijikata do que a artifícios cenográficos ou mesmo à sua estética. Após a morte de Hijikata, Gōda tentou, em suas notas,

2 Ibid., pp. 42-43.

Hijikata Tatsumi (direita) e Ōno Yoshito em *Kinjiki*, primeira apresentação de *ankoku butō* em 24 de maio de 1959.

recapitular o progresso da arte de Hijikata, principalmente ao repensar a consistência desse escuro que dominou a primeira apresentação de *Cores proibidas*.

> Eu tinha a impressão de que, aproveitando a reação dos espectadores, seu ódio e sua emoção como alavanca, sua vontade singular era trazer seu trabalho em direção a uma expressão inesperada.[3]

Assim, Gōda enfatiza uma estratégia audaciosa de Hijikata que implicava os espectadores em sua aventura, o que também é outro aspecto

---

3 Ibid., p. 43.

importante. Mesmo a provocação e a transgressão eram concebidas metodicamente. O escuro é uma estratégia ou esta estratégia é baseada em um escuro que é o centro de sua expressão.

Gōda quis enfatizar especialmente a escuridão em *Cores proibidas* como fundo da expressão do antiestetismo de Hijikata. Isso ia bem além da dimensão das técnicas de iluminação cenográfica. Essa representação do "começo" resumiu intensamente a ideia e o método fundamentais que diziam respeito tanto a composição do espaço-tempo no palco quanto a um certo estado do corpo.

Hijikata, três meses depois, na apresentação de *Reunião de 5 de setembro, às seis horas: os seis da vanguarda* do grupo Experiência 650, fará novamente *Cores proibidas*, como segunda parte de seu programa no qual *A morte de Divine* (*Diviinu no shi*) constituía a primeira parte dançada por Ōno Kazuo de acordo com as notas de Gōda.[4] Divine, como se sabe, é protagonista do romance de Jean Genet, *Nossa Senhora das Flores*.[5]

Quanto a esta segunda versão de *Cores proibidas*, Gōda se lembra que:

A emoção do momento da primeira apresentação não voltou.[6]

E ele explica essa impressão pelos vocabulários do "espaço" e do "tempo".

Para o meu gosto, imponentes demais (tempo ou descrição literária) e recorrendo a uma performance visivelmente nova, ele não conseguiu realizar concretamente o que permitiria o tempo de se acumular no espaço.[7]

---

4 *Asubesuto-kan Tsūshin*, n. 6, p. 42.

5 Jean Genet, *Nossa Senhora das Flores*, trad. bras. de Newton Goldman. Rio de Janeiro: Nova Fronteira, 1988.

6 Ibid., p. 43.

7 *Asubesuto-kan Tsūshin*, n. 7, p. 24.

Ōno Kazuo em *Diviinu-sho*, 1960

Na primeira versão de *Cores proibidas*,

> Havia aquela escuridão que permitia que o equilíbrio entre a ação e a sensação durasse tranquilamente.[8]

No centro dessa "escuridão", a performance, efetivamente, se realizava

> A espacialidade que o corpo que dança faz surgir como aquilo que ele acumula e deposita.[9]

No segundo *Cores proibidas*, ele não viu nem essa escuridão nem essa espacialidade. No entanto, a opinião de Gōda não foi inteiramente negativa. Na cena em que o menino é simbolicamente violado pelo gesto do homem, os movimentos das mãos, das costas e do corpo inferior do menino mostram:

> uma técnica soberba e simples que distancia o corpo do tempo cotidiano através de uma articulação especial das ações do corpo.[10]

A questão da "técnica" do butō será cada vez mais importante para a crítica de Gōda, como forma de obter o acordo entre o talento e a consciência do dançarino (a consciência em relação a seu possível). Logicamente, a questão da técnica deve surgir apenas com relação à essência da dança. E de fato, o problema da técnica é complexo, se pensamos como Hijikata a concebia. A técnica é indispensável, mas o butō não poderia jamais ser reduzido à questão de um conjunto de técnicas.

8 Ibid., p. 26.
9 Ibid., p. 27.
10 Ibid., n. 6, p. 44.

De qualquer forma, para Gōda, na segunda versão de *Cores proibidas*, faltavam o escuro e a espacialidade, quase metafísica, da primeira apresentação. Ele se serve dos termos "espaço" e "tempo" de uma maneira muito pessoal. Quando diz, por exemplo:

> A espacialidade que o corpo que dança faz surgir como aquilo que ele acumula e deposita.[11]

"Acumular" e "depositar" me parecem designar um certo processo temporal. Mas, para ele, é mais importante "a espacialidade", na medida em que aquilo que o interessa é o que a dança realiza no espaço. Mesmo que, no programa, Hijikata tenha escrito:

> Os dançarinos se apresentam como um quadro da tortura pelo tempo que é valorizado por um descentramento.[12]

Gōda se opõe a seu ponto de vista, e escreve:

> A ação em torno de um eixo temporal não tem nada que a precede, por isso não é nem cotidiana, nem real, nem cultural, nem artística.[13]

Em sua reflexão sobre a segunda versão de *Cores proibidas*, há uma espécie de autocrítica, pois ele admite que, no momento que a tinha visto, ele a tinha saudado como um poderoso trabalho de vanguarda. Mas a crítica feita por Gōda é, de fato, a do vanguardismo de Hijikata, que se tornou um dançarino revolucionário em grande parte pelo reconhecimento e

---

11 Ibid., n. 7, p. 27.

12 *Os materiais de butō de Hijikata Tatsumi (Hijikata Tatsumi butō Shiryōshū, daiippo)*. Tōkyō: Keiō University Art Center, 2000, p. 56.

13 *Asubesuto-kan Tsūshin*, n. 7, p. 26.

apoio de Mishima Yukio, famoso escritor herético da época. Gōda retraça o progresso da pesquisa do dançarino, sublinhando através dessa crítica outro aspecto de Hijikata.

Após essa reflexão sobre as duas apresentações de *Cores proibidas*, em seus diários de críticas, Gōda aponta duas pequenas peças dirigidas por Hijikata: *A mulher que diz adeus, 7 de dezembro de 1940, festa nacional (Banzai Onna Shōwa 15 nen 12 Gatsu Nanoka, Hatabi*, apresentada em dezembro de 1959) e *A casada, 19 de abril, dia de esplendor (Yome, 4 gatsu 19 nichi, Taian*, apresentada em abril de 1960), ambas são curtas, duram menos de dez minutos. O nome da dançarina era Onrai Sahina, uma aluna de Tsuda Nobutoshi [1910-1984], um dos mestres da dança moderna cuja companheira será a futura esposa de Hijikata.

A mulher que diz adeus é uma mãe que se separa de um filho que parte para a guerra. Ela usa o uniforme militar com o capacete e as botas. Embora existam lacunas de memória, Gōda se lembra do final da peça da seguinte maneira.

> Ela aparece com a bandeira nacional na mão, caminha como uma boneca. O rosto e as mãos, que sobressaem do enorme uniforme militar, pareciam tão pequenos que poderíamos dizer que apenas o uniforme caminhava [...] Essa matéria estranha, o corpo humilhado, o corpo contraído, vestido com um uniforme militar muito largo, tem olhos singularmente penetrantes [...] braços esticados ao máximo agitam a bandeira, o capacete levantando-se e, depois, caindo para trás, os passos desordenados. Mas seu corpo é muito dócil, e tudo parece naturalmente permitido, tanto para ela como para os outros. Ainda mais em conexão com a emoção dramática, isto é, com o que acontece em cena, a morte do filho e o sentimento do vazio, tudo realmente cria o aspecto da mãe de uma nação em guerra e de uma fatalidade inevitável. A dançarina chega ao final do palco e a cortina cai no escuro.[14]

14 *Asubesuto-kan Tsūshin*, n. 8, p. 31.

A casada também é uma peça curta e sóbria, que começa com a aparição de dois homens face a face, cujas silhuetas são semelhantes a um cavalo, com a aparência autoritária de patriarcas. Eles continuam a lutar com gestos quase invisíveis.

> *A casada* aparece, acabou de chegar à casa. Nesta cena, ainda mais sóbria e com seu movimento lento e impressionante, apenas salta aos olhos o *tsuno-kakushi*[15] da noiva, coberta com o manto preto ritual. [...] Eu percebi: enquanto isso, ela tem uma espécie de afasia. Esse momento de hesitação simboliza tudo do casamento da época, em que uma noiva se move de casa em casa. Não podemos adivinhar se é um jogo ou uma expressão do talento da dançarina, no momento em que a noiva avança para frente do centro e, finalmente, mostra seu rosto. Os espectadores explodem de rir. Seu rosto, dois círculos vermelhos nas bochechas e batom na pequena boca, aparece flutuando debaixo do *tsuno-kakushi* e sorri timidamente, mas de maneira insistente. A cortina cai como se tivesse cortado o riso dos espectadores.[16]

Como Gōda ressalta, *A mulher que diz adeus* e *A casada* fazem pensar no mundo descrito por *Dançarina doente*. É um mundo em que todos os fenômenos são divisíveis em atmosferas, em sombras ínfimas, e eventos como a partida para a guerra ou o casamento são condensados em gestos e expressões mínimas, quase invisíveis. Gōda, que foi observador por um longo tempo, crítico, acompanhante sutil e apaixonado pelo butō de Hijikata, escreveu essas notas após sua morte para refletir novamente sobre o essencial da arte de Hijikata. Sua reflexão gira em torno de um Hijikata multifacetado que faz convergir – do ponto de vista de Gōda ,naturalmente – a multiplicidade de sua arte em direção a um centro

---

15 *Tsuno-kakushi* é uma peça tradicional de pano retangular que cobre o penteado da noiva. [N.T.]

16 *Notas de butō de Hijikata (Hijikata Butō notes)* in *Asubesuto-kan Tsūshin*, n. 10, p. 52.

virtual. Gōda vê o centro do butō de Hijikata no espaço escuro de *Cores proibidas*, na corrida da mãe de *A mulher que diz adeus* e no riso cômico ao final de *A casada*, mas deve-se notar que ele não o encontra na imagem do sacrifício orgiástico, na vanguarda perversa de *Revolta da carne*.

Gōda escreveu também:

> As duas peças, especialmente feitas por uma dançarina, vêm testemunhar curiosamente sobre uma dimensão sóbria, silenciosa, autossuficiente, com uma respiração natural, ao contrário de sua atividade sem entraves, aberta como expressão de sua própria vontade.[17]

Do seu ponto de vista, não é a dança frenética de *Revolta da carne*, mas o gesto e expressão mínimos e sóbrios da dançarina das duas peças que Hijikata retomará e elaborará até o final, por meio da sua coreografia, como o centro de sua arte. Gōda aprofunda suas reflexões:

> Em ambas as peças tudo era preciso, e a precisão aperfeiçoou um aspecto de transparência e serenidade. *A mulher que diz adeus* e *A casada* remexeram intensamente esse aspecto para consolidar ainda mais a serenidade. Mas para dançarinas (e dançarinos), em geral, é extremamente difícil transformar-se em tais mulheres.[18]

Os talentos de uma dançarina, não mais do que o domínio da coreografia, não são suficientes para realizar esse tipo de expressão. Hijikata e seus dançarinos treinavam muito. Ele continuou a inventar métodos e notações para dança, mas nunca sistemáticos, nunca puramente técnicos.

[17] Ibid., p. 47.
[18] Ibid.

O butō consiste talvez em dançar uma vida comportando um vazio. É uma carne que comporta o vazio. E começa com a imobilidade, espalha imobilidades, termina imóvel.[19]

Entre a carne e a consciência há sempre o conflito, o interstício, a rachadura. De acordo com Gōda, Hijikata percebeu acima de tudo a qualidade da timidez que consiste em dizer o seguinte:

> Este personagem que recusa a tal chamada expressão, a dispersa e faz regredir a carne positivamente, contraindo o corpo. Trata-se de perceber a existência da parte vazia. O que significa dizer também o estado de plenitude ou de êxtase como resultado do equilíbrio delicadamente realizado entre a parte vazia e aquela não vazia. É por isso que o corpo real e as expressões corporais são perceptíveis com dificuldade. Eles aceitam apenas a situação (e a condição) daquilo que os rodeia, ao se fazerem serenos.[20]

A dançarina é puramente receptiva, recebe avidamente, infinitamente. Dessa dançarina,

> Pode-se dizer que ela transforma em percepção o estímulo e a experiência dadas pela realidade. Ela é aquele tipo de dançarina que, ao encher sua própria carne, esmaga em mil partículas a forma da experiência e da realidade. O espaço e o tempo que ela toca através de sua pele serão aquilo que pertence ao céu azul; às nuvens, ao sol e às estrelas.[21]

A timidez é mais do que um personagem, ela se transforma numa capacidade fora de uma medida da recepção, da transformação da realidade.

19 Ibid., p. 48.
20 Ibid.
21 Ibid., pp. 48-49.

A timidez e o hábito de contrair o corpo podem constituir posturas para retornar dos pontos de apoio distanciados do espaço-tempo até a realidade, superando a dificuldade.[22]

Esta é uma observação surpreendente e sutil que tenta detectar o que pode ser o centro da expressão de Hijikata. Este estilo de pensamento de Gōda é sem dúvida ele próprio inspirado pela dança de Hijikata. E o que também é notável é esse "retornar à realidade" na arte de Hijikata. Ele nos força a prestar atenção aos aspectos de um realismo e de um materialismo em Hijikata. Um certo materialismo que exclui o misticismo, a transcendência, a transgressão. Aqui, esse materialismo está ligado a um aspecto feminino, a um tipo de receptividade, à deformação de uma realidade dada que se expressará plenamente em *Dançarina doente*.

Eu não concordo completamente com Gōda quando ele enfatiza excessivamente esse aspecto sóbrio, feminino, mínimo e imperceptível da criação de Hijikata e subestima seu aspecto aventureiro, provocativo e violento. A meu ver, são dois aspectos que parecem fundamentais e inseparáveis para Hijikata. Mas, de qualquer maneira, o olhar crítico de Gōda revela alguns aspectos muito importantes que permaneciam despercebidos.

3) Revolta da carne

Revolta da carne criou rumores, críticas e reações muito variadas. A apresentação parecia um festival orgiástico, caótico e experimental, desempenhado apenas por Hijikata, mas com um número considerável de adereços e animais. O título completo original era *Hijikata Tatsumi e os japoneses – Revolta da carne*. O que poderia significar a retomada de uma

22 Ibid., p. 49.

certa tradição nacional, no entanto, essa performance estava inteiramente banhada em uma atmosfera de revolta. A reação de Gōda foi ambivalente:

> Enquanto ela espalhou rumores justamente como uma "revolta da carne" e foi criticada ou admirada, eu não consegui adotar facilmente uma posição, e a concebi apenas como seu manifesto para que ele retornasse a si mesmo, especialmente por saber em que espaço ele se sentia em casa e qual era a respiração natural que dois trabalhos modestos [*A mulher que diz adeus* e *A casada*] expressaram.[23]

Gōda não admirava inteiramente Hijikata, que tinha muita empatia com escritores heréticos franceses (Genet, Sade, Lautréamont...) e tentou performances provocativas e experimentais até 1968. Em sua memória:

> Seu corpo esgotado e quase em estado de hesitação, sua dança perdeu sua força expressiva.[24]

O pintor Nakanishi Natsuyuki colaborou nesta performance com a cenografia. Ele notou o que Hijikata estava dizendo ao explicar pela primeira vez a imagem dessa apresentação:

> Cardo, cão de caça, tradutor do vento, a primeira flor, os dentes do cão se inflamam, torre do sino, o que cobre as costas de um cavalo selado, refeição coletiva, 17 anos, rã, dor de dente, cardo coreano, enxofre, vermes intestinais, riso, borbulhas, esfera amorosa, tomate, grande *physalis*, *volubilis* coreano, bebida fantástica, pente, estufa, crustáceo, joaninha...[25]

23 Ibid., p. 50.
24 Ibid.
25 Nakanishi Natsuyuki, *Grande dispositivo (Daikakko)*. Tōkyō: Chikuma Shobō, 1989, p. 52.

Hijikata Tatsumi na berlinda durante a procissão do rei louco em *Revolta da carne*, outubro 1968 © cortesia Keiō Daigaku Art Center.

No palco, Nakanishi pendurou seis placas de latão (2.4 m × 1.2 m × 1.2 mm de espessura), e havia uma charrete, uma cama de bebê, um mosquiteiro, um poste de sinalização de cabeleireiro, um piano, uma maquete de avião, uma corda, um fole e porcos, coelhos, galos, todos vivos, e, na entrada, um cavalo branco recebia os espectadores. Hijikata dançou em determinado momento com um falo ereto de bronze. Ele aparecia primeiro como um rei idiota e dançava nu, mudando de figurino: homem, mulher ou andrógino, garotinha, marinheiro, dançarina de flamenco e terminava ascendendo, suspenso por cordas sobre, os espectadores.[26]

26 *Revolta da carne*. Tōkyō: Keiō Daigaku Art Center, 2009.

Muitos espectadores ficaram surpresos, fascinados e subjugados, mas não por unanimidade. Okada Takahiko, crítico e poeta, escreveu:

> É certo que não era teatro, mas a exibição de um ato fundamental, e quando seus gestos originais convergem com suas próprias sombras e possuem uma força explosiva no topo de sua realidade, lembramos, com Antonin Artaud, as características primitivas de um teatro que se assemelha à alquimia.[27]

Okada lembrou-se, aqui, do *Teatro da crueldade* de Artaud e continuou:

> Ao refletir sobre o butō, que é seu propósito exclusivo, ligado à emoção dada por Antonin Artaud, plenamente realizada após um ciclo de dez anos, não posso negar a impressão de exaustão causada por uma paixão dirigida sem repouso em direção ao essencial.[28]

Este ponto de vista negativo não pode ser negligenciado para compreender a progressão da arte de Hijikata. *Revolta da carne* foi uma obra que não podia deixar de evocar o teatro de Artaud para aqueles que o conheciam, embora Hjikata mal o aludisse durante a apresentação. No próprio ano da apresentação, Hosoe Eikō expôs uma série de fotos sobre Hijikata, que será conhecida pelo livro *Kamaitachi*,[29] e Tanemura Suehiro contribuiu com um texto para esta exposição, que será incluído no programa da *Revolta da carne*. Esse texto tinha uma força que poderia estimular a concepção de Hijikata para a performance e a impressão dos espectadores.

---

27 Ibid., p. 57.

28 Ibid.

29 *Kamaitachi* é um fenômeno decorrente do vento gelado que corta a pele, mas, no Japão, costuma-se dizer também que se trata da ação de um espírito ou monstro do folclore japonês, conhecido como *yōkai*. [N.T.]

Sob um céu negro que esconde sinais nefastos, o hermafrodita louco gira como um diabo, mal coberto com um fino vestido erótico feminino. A paisagem se contrai sob a forma de um ovo e, em seu núcleo, uma carne branca violada treme, rastejando na forma de um feto, ameaçada pela deidade maternal da Terra.[30]

Esta frase faz pensar na história de Heliogábalo, escrita por Artaud, sobre o imperador romano vindo da Síria muito jovem, que introduz uma anarquia catastrófica dentro de Roma. Artaud escreveu esse romance-ensaio como modelo de seu teatro da crueldade. Tanemura escreve:

O estopim da revolução russa se encontra na carne de Nijinsky e não no cérebro de Lenin.[31]

E descreve a apresentação de Hijikata como provocadora de uma revolução por um erotismo pervertido e furioso. O dançarino de acordo com o texto de Tanemura é sucessivamente hermafrodita, criança deformada, xamã, carne de prisioneiro, poliomielite, fantoche, idiota, meteorologista, rei louco... ele dirigirá uma revolta para libertar-se da

Prisão da Bastilha que encerra a carne [...] os prisioneiros do trabalho e da eficiência e a dança da loucura coletiva.[32]

Hijikata certamente quis realizar um trabalho que pudesse ressoar com paixão, desejo e sonho no redemoinho da revolta generalizada, mesmo que não explicitasse o desejo de um engajamento político. O título da apresentação *Hijikata Tasumi e os japoneses – Revolta da carne* é intrigante, visto em tais contextos.

---

30 Tanemura, *Para Hijikata Tatsumi (Hijikata Tatsumi no hō e)*. Tōkyō: Kawade shobō shinsha, 2001, p. 106.

31 Ibid., p. 107.

32 Ibid.

Dança do falo na frente de placas de latão, um trecho frenético de *Revolta da carne*, 1968 © cortesia Keiō Daigaku Art Center.

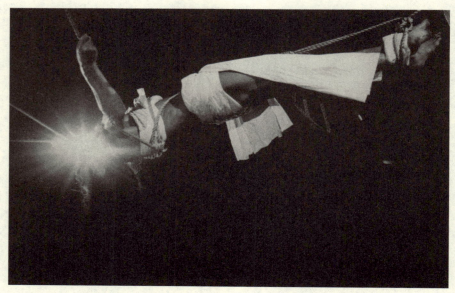

Cristo Hijikata na horizontal, erguido por cordas, cena de *Revolta da carne*, 1968.

2. VANGUARDA OU TECNICISMO?

1) O problema da técnica

Alguns espectadores de *Revolta da carne* (*Nikutai no hanran*, 1968) descobriram a "exaustão", a "degeneração" ou mesmo o "exibicionismo" de Hijikata e fizeram críticas severas. Houve os mais agressivos, como Tone Yasunao, que disse se tratar "do trabalho mais lamentável". No entanto, apoiado por um texto de Tanemura de tom provocativo, o desempenho de Hijikata enquanto rito de transgressão foi capaz de agitar o público e cristalizar o mito de um dançarino revolucionário. Mas, ao mesmo tempo, essa apresentação simbolizou de alguma forma um ponto de viragem para a atividade de Hijikata. Gōda a nomeou de "Ponto de refração insolente".

> Concretamente, foi uma tentativa de mudar o eu através de uma ruptura com um Ocidente que existia apenas abstratamente para ele. Nesta cena, ele expôs todo o seu orgulho, toda sua obscenidade, toda sua crueldade, e dançou sucessivamente danças ocidentais, como valsa, polca, flamenco, de forma deliberadamente desarticulada.[1]

Gōda diz também, em uma palestra, que Hijikata tentou recusar e evacuar as danças e as ideias do Ocidente que o influenciaram para tudo dissolver.[2] Em outras palavras, Hijikata teria tentado finalmente se tornar japonês ao deixar todas as influências do Ocidente.

---

[1] Gōda Nario, *Gendaishi Techō*, abril de 1977, p. 55.

[2] Id., *Ekoda Bungaku*, inverno de 1990, p. 10.

HT em uma cena de filme *Hesokakka* (*Sua majestade, o umbigo*), de Nishie Takayuki, 1969.

Gōda chega a dizer:

Sua dança caótica nos aborreceu profundamente. A degeneração da última metade da apresentação nos fez pensar que não haveria mais nenhuma maneira de recuperá-la.[3]

Como vimos, Gōda havia descoberto o centro oculto da arte de Hijikata em trabalhos modestos, como *A mulher que disse adeus* (*Banzai Onna*) ou *A casada* (*Yome*). Ele iria se interessar, mais do que por *Revolta da carne*, por obras posteriores como *27 noites para quatro estações* (*Shiki no tame no niju--nana ban*) e pela dança do grupo Hakutōbō (cuja principal dançarina é Ashikawa Yōko e cuja coreografia é de Hijikata), uma vez que descobre o mais alto nível de perfeição ao nível técnico. E parece que a atenção de Gōda cada vez mais teve como foco a elaboração técnica do butō. Após a morte de Hijikata, ele tentou principalmente "especificar" as técnicas do "butō". Por exemplo, Gōda escreveu sobre a técnica das pernas arqueadas (*Ganimata*):

A base da técnica do butō de Hijikata encontra-se nas pernas arqueadas. Se o horizonte se fixa sobre a posição do corpo comum, os dançarinos de Hijikata ficam 15 cm abaixo desse horizonte. Os dançarinos ficam em pé com os lados exteriores dos pés contraídos, os joelhos relaxados, os quadris soltos sobre as pernas. As vértebras verticalmente sobre os quadris. Apenas para essa posição, precisa-se de uma consciência e atenção excepcionais para o equilíbrio. É necessário reconstituir o mecanismo e a função do corpo. O corpo é, portanto, visitado por expressões que um corpo comum não conhece.[4]

De acordo com Gōda, Hijikata sempre pensou nessa técnica de perna arqueada, associando-a

3 Id., *Gendaishi Techō*, abril de 1977, p. 55.
4 Id., *Asubesuto-Kan Tsūshin*, n. 2, 1987, p. 30.

à precisão de um mecanismo no corpo gigantesco de uma baleia.[5]

Em um texto intitulado "Os verbos do Butō", Gōda escreveu sobre as técnicas do Butō que podem corresponder a movimentos como fluir, flutuar, vagar, contrair-se...

A técnica de pernas arqueadas aparece com a descoberta de inúmeros pontos de apoio entre os lados exteriores de cada planta do pé e as plantas dos pés inteiros.[6]

Essas são:

O deslocamento do ponto de apoio nas plantas dos pés, o balanço que se transmite aos quadris e o grau de curvatura da coluna vertebral que podem determinar o jogo do rosto.[7]

e que possibilita o gesto ambíguo de "flutuar escorrendo" e uma dança correspondente à sensação do ar.[8] As observações de Gōda são sutis e belas, especialmente no que se refere à técnica realizada por Ashikawa Yōko. Mas ele mesmo termina este texto confessando:

---

5 Ibid.

6 Id., *Gendaishi Techō*, maio de 1985, p. 97.

7 Ibid., p. 98.

8 Gōda fala ainda da técnica da planta do pé como segue: "há uma infinidade de pontos de apoio sobre a planta do pé. O butō é um trabalho corporal que consiste em escolher um destes pontos a cada segundo. Com este trabalho, o torso relaxa e treme delicadamente. Um corpo humano jamais estará simplesmente de pé. Então se faz este trabalho para descobrir o corpo tal e qual e levá-lo para um espaço-tempo eterno." (*Asubesuto-Kan Tsūshin*, n. 2, p. 35.)

Subjetivo e fácil, não pude desenvolver uma lógica pertinente.[9]

129

Teria sido necessário trabalhar com os dançarinos e outros para realizar uma pesquisa mais precisa sobre os aspectos técnicos. Porque, para ele:

É quase impossível explicar o butō abstratamente.[10]

Sem dar conta da precisão técnica e,

É quase insignificante discutir sobre o butō apenas em relação ao contexto contemporâneo.[11]

No entanto, nunca é fácil explicar as técnicas do butō. A dificuldade lhe é fundamental. Uma arte nunca é igual a um conjunto de técnicas. A arte de Hijikata é também o resultado de uma elaboração técnica intensa e singular, mas sua intensidade e singularidade são dificilmente redutíveis às técnicas, sejam elas quais forem.

Hijikata falou da técnica do butō da seguinte maneira:

Quanto à técnica, certamente fazemos exercícios para uma expressão, seja balé clássico ou dança tradicional japonesa, mas às vezes pensamos que não se trata de técnica, e que o que conta é como uma técnica se produz. Há uma fala com seu coração e outra apenas com sua boca. Uma técnica é como a palavra, podemos nos perguntar de onde ela vem, e para essa questão é importante perceber que não é apenas a técnica que determina tudo.[12]

9 Ibid.

10 Ibid.

11 Ibid., p. 31.

12 Id., *W-Notation*, n. 2, 1985, UPU, p. 16.

Então, embora meu problema esteja fora de sincronia e exterior em relação a um certo conhecimento experiente de butō, nunca posso esquecer a presença de Hijikata aberto a dimensões que vão muito além de uma arte excelente ou da excelência da dança. Se existiu, por um lado, o Hijikata de vanguarda que inventou *Cores proibidas* (*Kinjiki*) e, depois, *Revolta da carne*, com ações e expressões que são uma antidança e uma antitécnica, por outro lado, existiu também um Hijikata que elaborou obras sóbrias, pouco conhecidas e técnicas muito precisas de butō. Ambos me interessam e me parecem, na verdade, inseparáveis um do outro, assim como o são os outros aspectos triviais de sua vida cotidiana – incluindo relacionamentos amigáveis, suas colaborações com escritores, poetas e pintores.

É certo que em dado momento de sua vida como dançarino, Hijikata mudou drasticamente. O que é evidente, quando se lê seus primeiros textos que significam revolta e destruição, e depois, *Dançarina doente* ou o texto de uma palestra como *Deuses do vento* (*Kazedaruma*). Depois de deixar o palco, Hijikata fez um trabalho de pesquisa para examinar todos os traços dobrados sobre o corpo da criança nascida em Tōhoku. São memórias quase moleculares de tudo o que foi vivido na natureza, no vilarejo e em casa. Esta pesquisa tornou-se cada vez mais importante para a criação de sua dança. Mas nada é insignificante em seu caminho de pesquisa. A literatura e a arte do Ocidente, assim como as obras heréticas, experimentais, que o inspiraram, a sua (re)descoberta do corpo japonês esquecido e negligenciado parecem compor juntos um caos singular. É esse caos de Hijikata que me interessa.

Lembro-me da expressão encontrada na famosa carta de Arthur Rimbaud aos dezesseis anos...

A poesia não mais pontuará a ação; ela estará à frente.[13]

---

13 Jean-Jacques Lefrère, *Correspondance de Rimbaud*. Paris: Fayard, 2007.

Mas ouso dizer "a poesia em ação" para qualificar a arte de Hijikata. Como diz Rimbaud: "Na Grécia, verso e lira *ritmam a Ação*".

Posso afirmar que Rimbaud e Miyazawa Kenji são dois poetas de quem Hijikata frequentemente falava durante nossas conversas. Seu gênio da linguagem e da poesia foi surpreendente. Isso significa que ele não era apenas um dançarino excepcional, mas também um poeta genial. A poesia de Hijikata agia e funcionava por toda parte em sua vida e em sua pesquisa. A dança era o centro, mas também podemos dizer que ela era apenas uma das realizações de sua grande criatividade virtual.

2) Experiência poética

Lembremo-nos de um dos primeiros textos insólitos que o jovem Hijikata publicou:

> Nas páginas abertas automaticamente de um trabalho perturbador publicado por um Sindicato Eterno, anexando um catálogo de carícias que acusa em detalhes a sociedade, os suspiros denunciados alinham-se, presos entre sinais guilhotinados. Abaixo, *os coeficientes do desastre* me fazem pensar nos gestos diversos que me deixam escolher para obter qualidades perigosas, como se fossem compostos pela morte de muitos verbos destinados a possuir seus objetos. Mas quando esses suspiros submetem o ato de comandar que faz beijar de puras aparências um monstro gigantesco, transformando este ato em eficiência de um mal irrepreensível, essa realidade ardente nasce bruscamente.[14]

Neste texto, sem qualquer formalidade prosaica, repleto desde o início de um vocabulário provocador e de um murmúrio incomum, rupturas

---

[14] Prospecto para *A reunião da experiência – 6 de vanguarda*, 1959, reeditado em *Hijikata Tatsumi Butō Shiryōshū*. Tōkyō: Keiō University Art Center, 2000, p. 56.

e desvios; o estilo de Hijikata já é visível. Existe uma poesia intensa, o sentido da revolta, da transgressão, do erotismo. Ele lia muitos poemas e os aprendia de cor, mas era o próprio princípio de sua vida e sua ação que eram singularmente poéticos. Quero dizer, sem exagerar, que sua poesia da transgressão, do desvio, da ruptura constituíam o centro de sua arte e de sua vida.

Será necessário notar também neste manifesto como ele desvia o significado das palavras como "sindicato", "sociedade", "desastre" etc. E que expressões como "um catálogo de carícias em detalhes", "beijar de puras aparências" fazem rir e desviar os contextos sociais com conotações eróticas. Sua poética absorveu o surrealismo e os poemas modernos franceses e japoneses. Assim, ele forjou um estilo crítico e poético violento.

Desde *Cores proibidas*, *Massagista* (*Anma*), *Dança colorida de rosa* (*Barairo dansu*) até *Revolta da carne*, Hijikata quis realizar uma poesia em ação, mais do que uma nova dança. A transgressão "poética", neste caso, significava transgredir a poesia e a dança como gêneros. E esta poesia foi realizada pelas palavras assim como pelos signos antes das palavras, excluindo a linguagem. A dança era indispensável para essa ação-poesia, mas esta última não estava fechada na dança. Por isso, mesmo quando essa poesia era constituída com as palavras, seus sentidos e efeitos abriam uma dimensão fora da linguagem.

Há artistas bastante modestos que são quase medíocres em suas vidas, enquanto são simplesmente extraordinários em seu trabalho criativo. Hijikata não era desse tipo. Ele era constantemente poético e ocupado em realizar a poesia e a se realizar como poesia em sua própria vida. Mesmo que as pessoas falassem sobre seu exibicionismo, ele perseguiu e praticou sua poesia de uma maneira absolutamente sincera, absorvendo toda a poesia que o interessava, do Japão e do Ocidente. Com o seu gênio certamente original, ele tinha essa incrível força para roubar os outros e alimentar-se disso. Além disso, os eixos de seus pensamentos se modificavam de maneira visível e invisível. São pontos que permanecem enigmáticos.

3) Uma pesquisa muito prudente

É notável que Hijikata, aventureiro revolucionário, mostrasse também aspectos muito cautelosos, suspeitando de atos provocativos precipitados. Num diálogo do início da década de 1960 com o poeta e homem de teatro Terayama Shūji, este último afirmou:

O butō tripudia demais a carne num espaço fechado,

Como já mencionamos, Hijikata respondeu à provocação de Terayama:

Para onde se virar para abrir o corpo?
É uma questão para a qual é necessário ocupar-se prudentemente, examinando bem a juventude mecânica da qual aproveitamos para uma ação destrutiva.[15]

Num diálogo com Shibusawa Tatsuhiko, Hijikata disse:

O gênero "*Happening*" e o *Novo teatro* também se aproveitam da carne como uma simples isca, acho-os duvidosos.[16]

Claro que ele não era apenas cauteloso.

Eles supõem um deserto fora de si e dizem que não há mais água. Antes de dizer isso, seria preciso descer ao interior de seus corpos usando uma escada.[17]

---

15 Terayama, *Mita Bungaku*, janeiro de 1961.

16 *Obras completas* (*Zenshū*), t. 1. Tōkyō: Kawade Shobō Shinsha, 2005, p. 10.

17 Ibid., p. 11.

134

Ele era extremamente sensível ao que é virtual na carne, às dobras internas imperceptíveis no corpo, aquilo que exige sempre uma reação, uma mudança necessária. Nakanishi Natsuyuki diz em uma entrevista:

> Ele, que tinha sido da vanguarda até então, desceu a uma dimensão diferente. Na década de 1960, ele se dizia vanguardista e era considerado como tal. Mas eu não acredito nisso. Seu vanguardismo falhou, ele se perdeu, seria necessário se reconstruir com outra coisa.[18]

A mudança considerável de seu butō depois da *Revolta da carne*, sua concentração no trabalho de coreógrafo sem que ele próprio dançasse no palco, a escrita de *Dançarina doente*, tudo isso sugeriu as motivações virtuais que correspondiam ao "poço" no interior da carne e à caminhada cautelosa de Hijikata. Muitos detalhes permanecem enigmáticos. Mas estes não são enigmas a serem completamente revelados um dia. O virtual, ao permanecer virtual e ao continuar a estimular, pode assim dar um motivo que nos leve a um outro pensamento e a uma outra prática.

Eu retracei, até aqui, a progressão da arte de Hijikata, referindo-me principalmente às observações, memórias e críticas de Gōda. Para refletir sobre sua dança – que para mim permanece no escuro –, a leitura dos textos de Gōda ajudaram muito. Sua carreira como crítico de butō, valiosa e complexa, parece requerer ela própria uma leitura atenta. No conjunto de suas críticas, Gōda estava em grande parte distanciado da imagem do artista de vanguarda transgressor, revolucionário, esboçado principalmente pelas palavras de Mishima, Shibusawa, Tanemura e outros.

> De *Cores proibidas* até *Revolta da carne*, a importância para Hijikata era o método (a carne), isto é, lá onde o estado do corpo e a expressão da paixão

---

18 Inada Naomi, *Hijikata Tatsumi: o corpo pós-morte* (*Hijikata Tatsumi Zetsugo no Shintai*). Tōkyō: NHK Shuppan, 2008, pp. 240-241.

excessiva eram dominantes. Naquela época, sua dança era chamada "Dança das Trevas" e a primeira tarefa era rejeitar a dança moderna, assim muitas de suas obras foram feitas apressadamente.[19]

Gōda, que tinha reservas sobre o mito de vanguarda de Hijikata, enfatizava a *técnica* (corpo) mais do que o *método* (carne). A terminologia de Gōda parece, às vezes, um pouco confusa, mas, de qualquer modo, para ele, o fato de que o butō tenha se deslocado do vanguardismo em direção à busca da técnica constituía um evento por si só. Esta pesquisa florescerá instaurando um sistema especialmente após *Revolta da carne*, na série de *27 noites para quatro estações* e na dança do grupo Hakutōbō. Esse sistema conduzirá de alguma forma às técnicas do corpo propriamente "japonesas". Mas não podemos falar sobre isso sem determinar o que quer dizer a técnica e o corpo realmente "japoneses".

Para o primeiro trabalho da série de *27 noites para quatro estações*, *A história da varíola* (*Hōsōtan*), pode-se ver toda a gravação da cena dirigida pelo diretor Ōuchida Keiya. Hijikata dançou uma longa cena de um leproso. Eu cito alguns textos notáveis sobre ela:

Ichikawa Miyabi escreveu:

> Era como um corpo repentinamente possuído por gestos caóticos. Cotovelos dobrados, olhos fixos no espaço vazio, pulsos pendurados e joelhos flutuando no ar. Todas as partes do corpo mostram um desequilíbrio pronto para se dispersar em todas as direções, e é muito difícil manter esse desequilíbrio em seu corpo, o que Hijikata conseguiu, apesar de tudo.[20]

---

19 *Asubesto Tsūshin* n. 2, p. 34.

20 Ichikawa Miyabi, "a carne se sublima em ideia" (*Nikutai ga shisō ni shōka*) in *Butō de Hijikata Tatsumi, o surrealismo da carne, a ontologia do corpo* (*Hijikata Tatsumi no butō: Nikutai no shururearisumu shintai no ontoroji*). Yokohama/Tōkyō: Museu de Okamoto Tarō/Keiō Gijuku University Art Center, 2003, p. 149.

Nessa dança,

A técnica da carne e o sujeito estão inseparavelmente combinados.[21]

O que Gōda indica é ainda mais sutil.

> O cume desse estado aparece quando o corpo de repente cai para trás, quebrando o ritmo que repetia o levantar e o cair. Da cabeça (a espiral do cabelo) que se esquece de endireitar-se até as vértebras curvadas, os quadris fechados (que não se estendem), as pernas, os pés dobrados para dentro, esse corpo não se permite o prazer de deitar tranquilamente [...]. Lá, apenas as mãos e os dedos dos pés se movem um pouco, em vão, mostrando sua vontade, mas esse movimento apenas enfatiza a estabilidade absoluta do equilíbrio do corpo que faz flutuar a cabeça e as pernas. Em outras palavras, o que vemos é um corpo petrificado inabalável e a ferocidade desse corpo. Mas então, a ação que transforma esse estado infernal em glória é um bocejo profundo e silencioso do corpo que trai a petrificação da carne.[22]

A técnica que Gōda meticulosamente aqui descobre é a de uma "ação sagrada". Esta busca da técnica era certamente a mesma da tarefa da "coleção de corpos esgotados". *Dançarina doente* é o trabalho condensado de parte desse trabalho sem fim, sendo ela mesma uma representação pelas palavras especialmente realizada por uma coleção de memórias empilhadas no corpo da criança de Tōhoku.

Esta pesquisa e essa coleção são um pouco como um "retorno" ao corpo e aos gestos japoneses, como se Hijikata finalmente buscasse a independência em relação à influência ocidental. O problema da técnica de Gōda estava relacionado, sobretudo, com a realidade do corpo das pessoas que

21 Ibid.

22 Ibid., p. 148.

vivem no Japão, e não tanto na busca de uma identidade nacional que, muitas vezes, obcecava certos intelectuais e políticos japoneses. A técnica não é algo abstrato como em certas tradições culturais, mas um fato concreto para o corpo vivo, uma realidade carnal. O ponto de vista de Gunji Masakatsu, que era crítico de Kabuki, era um pouco diferente dos outros.

> A posição do corpo de Hijikata inclinado para a frente com um ar tímido mostra uma doçura extrema e, justamente nesse momento, um vento sopra do Inferno e faz ressoar a rachadura dos ossos. O gesto das mãos que reúne os ossos flutua como uma música sutil e espiritual. Não há mais corpo vivido de maneira comum. Vê-se apenas um corpo ossudo libertado do exercício do corpo como expressão ou material. Não há mais enganação, como exercício, acumulação etc.[23]

De acordo com Gunji, se existe uma técnica altamente elaborada na dança de Hijikata, ela se encontra numa outra dimensão e não é o que podemos realizar com exercícios, no sentido geral. É de certa forma uma técnica da vida após a morte ou além da técnica. E ele define sua impressão de *A história da varíola* como o clássico japonês original de Tōhoku. O ponto de vista de Gunji está, sem dúvida, num contexto cultural. De qualquer forma, se existe o que parece ser o domínio de uma técnica nessa apresentação, é uma técnica bastante singular que encontra seu sentido apenas quando relaciona-se à pesquisa fundamental de Hijikata. Mesmo o "retornar ao Japão" é apenas um aspecto tornado visível por sua busca que visa a alguma coisa mais essencial.

Hijikata indicava, algumas vezes, a razão desse "retorno" ao dizer:

> No exterior, há aquilo que dirige o corpo; o fato de viver domina o corpo; e o corpo se projeta e se torna objeto. Por outro lado, o corpo japonês é dirigido

---

23 *Bijutsu Techō*, fevereiro de 1973, p. 122.

pelo número de diretores e comporta ruídos. O que faz uma boa harmonia. Os japoneses fazem uma harmonia apenas com os ruídos.[24]

O que ele ressalta, aqui, é uma estrutura que impede uma centralização e uma percepção particular dos "ruídos na alma e no corpo". E ele desenvolve esse pensamento:

> No passado, bastava mexer o corpo e recapitular um corpo japonês ao entardecer, mas não é mais suficiente fazer a ruptura dessa maneira. É necessário empalhar o corpo japonês que voava antigamente para fazê-lo voar ainda mais, uma vez esvaziado e empalhado. O corpo japonês é bem feito para isso. Eu me apeguei muito às nossas pernas arqueadas, mas agora me apego ao empalhamento. Encontrar o que voava antigamente no nosso corpo...[25]

Hijikata fala como sempre de uma maneira insólita, mas o propósito certamente está relacionado ao mundo e à carne que ele trabalhou em *Dançarina doente*. É possível que, de certa maneira, o corpo japonês ou asiático esteja sempre aberto à percepção da vida sem contorno, flutuando

24 *Gendaishi Techō*, abril de 1977, p. 124.

25 Ibid., p. 125, "linguagem como falha e construção provisória do corpo", diálogo com Suzuki Tadashi, Senda Akihiko. Outros discursos de Hijikata sobre o Japão, por exemplo: "Os ocidentais envelhecem parcialmente, mas os japoneses envelhecem inteiramente. Por quê? Porque a humanidade busca externalizar algo, seja uma ideia, um desejo e a se convencer, sem poder encontrar o que se desfaz no interior do corpo. Por outro lado, se observamos bem pacientemente o corpo de um japonês, é possível encontrá-lo. É isso o que acho seriamente" (*Obras completas* op. cit., t. 2, p. 20). "É dito que Deus não existe no Japão, mas o que substitui Deus, por exemplo, a vida cotidiana – existe ao nosso redor e os japoneses são capazes de captá-la. Só não se deve enganar de cotidiano. E os japoneses são dotados de uma capacidade de lidar com esse conflito. A reserva do butō é a maior do mundo. Quando uma forma depende de gestos cotidianos, o que é pinçado a partir daí se torna butō. Nem o Kabuki nem o Nō têm equivalentes no exterior. O conceito de carne é anárquico entre os japoneses". (Ibid., p. 41.) *W-Notation* n. 2, pp. 17-18.

Fotos de *A história da varíola*, 1972 © Torii Ryōzen.

infinitamente. É possível que o corpo ocidental, por outro lado, seja sempre mais disciplinado e fixado em ordens, instituições, formas e contornos, embora na Ásia tenham existido tradições disciplinares mais rigorosas em certos campos. Mas as civilizações e tradições já estão bem niveladas e nenhum corpo é dado *a priori*. Os ruídos no corpo e a percepção dos ruídos devem ser redescobertos e reconstituídos. Na vida de Hijikata, a oposição entre o Ocidente e o Oriente tinha ainda um sentido intenso, conflituoso e criativo. Não vivemos mais na mesma distribuição geográfica e histórica. E o próprio Hijikata nunca particularizou ou privilegiou o Japão em sua busca.

Nas palavras seguintes, ele situa o Japão num contexto mais universal:

> Estamos falando do Kabuki do nordeste (*Tōhoku Kabuki*). Mas o Tōhoku também existe na Inglaterra. A escuridão está por toda parte no mundo. O pensamento é feito de escuridão. Quando nos acostumamos a pensar em nada, pensamos, por consequência, ao extremo, não penso mais numa região em Akita, embora este seja um lugar muito estranho. [...] Há pessoas que de repente adquirem uma visão que vai além do Japão, como Kita Ikki ou Miyazawa Kenji. O nordeste tem condições naturais bastante adequadas para fazer algo extraordinário e tem a temperatura certa para congelar as coisas.[26]

Em certo sentido, ele encontrou seu Japão ao redor do mundo, mas especialmente no Japão. Este Japão não é uma ideia abstrata ou uma identidade. É concebido, principalmente, como realidade do corpo.

26 *W-Notation*, n. 2, 1985, UPU, pp. 17-18.

4) Uma "tecnologia de si"

A técnica do butō era provavelmente inseparável dos hábitos, da forma e da postura do corpo constituídos na natureza e no modo de produção no Japão. A arte é, antes de tudo, uma certa técnica para pintar, escrever, dançar, tocar um instrumento musical e manipular o corpo de uma certa maneira. A arte não se concentra em uma técnica no sentido estrito, ela é transformada e reinventada pelo relacionamento com a técnica, e a renovação tecnológica consegue produzir uma transformação radical da arte, como no caso da fotografia e do cinema. No século passado, a humanidade assistiu a uma mudança fundamental na relação entre a arte e a técnica, introduzida pelas novas tecnologias e pelas novas mídias. Como resultado, surgiu uma criação quase "maquínica", acoplada às novas tecnologias, mas também surgiram expressões quase selvagens, como se rejeitassem todas as intervenções tecnológicas. Embora o butō exija uma elaboração refinada, é uma arte essencialmente "selvagem".

A tecnologia pode ser esse tipo de operação que intervém em qualquer campo sem necessariamente acompanhar-se de máquinas ou mecanismos. Foi Michel Foucault quem falou sobre os tipos de tecnologia que operam principalmente em diferentes formações do poder, do governo ou da governamentalidade. Ele chega a falar em "tecnologia de si" para o "problema de si" e para reformular a relação com o eu. Nessa perspectiva, a arte é sempre uma arte de si que pode intervir na imagem de si, na formação de si. Mesmo a dança pode ser uma tecnologia envolvida na "minha" relação com o "eu" que dança.

Se desde o início da década de 1970 Hijikata se concentrou na pesquisa e na elaboração, cada vez mais sutil, da técnica de butō, na formação de um sistema, com a formalização de movimentos e gestos; esse percurso foi acompanhado também por sua busca pelo corpo (esgotado) do nordeste e de sua redescoberta, de alguma maneira, do Japão. Tudo isso pode ser combinado com uma pesquisa em um contexto mais amplo, que podemos chamar de uma certa tecnologia (*techně*) para uma vida nova.

Em suas conversas comigo, que acabava de retornar após meus estudos na França, Hijikata estava ávido para me ouvir falar sobre o que estava acontecendo na França, na literatura e na filosofia. Ele era surpreendentemente sensível ao "corpo sem órgãos" de que Artaud havia falado e que Deleuze e Guattari retomaram. Ele mantinha uma imagem excepcionalmente intensa de Artaud, e essa imagem foi novamente desperta durante nossas conversas. Seus interesses não estavam de modo algum limitados a um "retorno ao Japão". A doença e a morte o interromperam, mas sua cabeça trabalhava com extraordinário vigor. Tive o prazer de me misturar a isso.

Ele me falou pouco sobre dança. Ele, dançarino extraordinário que havia vivido no turbilhão da época, agitou por conta própria esse mesmo turbilhão e mais tarde rompeu ostensivamente com sua época. Fiquei curioso sobre o seu itinerário, suas experiências e sua pesquisa. Mas ele falou pouco de sua dança, de seu retorno ao Japão, de sua despedida da cena. Na verdade, falou pouco de si mesmo. Quando falava sobre episódios biográficos, não sabíamos se era verdade ou não. A minha impressão é que ele queria discutir, principalmente, questões essenciais, quase existenciais. Ele preparava seu retorno à cena, onde dançaria novamente. O novo trabalho seria inspirado em Artaud. Mas, algumas semanas depois, disse que não seria mais Artaud, mas Dostoiévski. O butō sempre foi essencial para ele, mas, sem dúvida, havia algo ainda mais essencial para seus olhos. O butō estava aberto a este essencial, existia por este essencial.

Para um artista como ele, a arte em si nunca é o objetivo final. Mesmo a noção de trabalho deve ser rejeitada, pois o trabalho está aberto para o exterior; o que importa é o que existe fora. O trabalho deve existir para essa abertura e precisamos de técnicas para realizar a abertura. Mas o que importa está fora do trabalho e da técnica. Deve-se encontrar uma tecnologia para o contato com o exterior. Muitas vezes, um trabalho que alcança tal abertura tem um rosto que não é transcendente, transgressivo.

Tem um rosto modesto, até mesmo medíocre, sóbrio, como Giacometti, Beckett, Pessoa e o próprio Hijikata, especialmente em *Dançarina doente*. Os artistas essenciais realizam esse tipo de dialética, que não permite que o trabalho vá além e sobrevoe, mas que mantenha e olhe para uma dimensão de fora. Se a palavra "dialética" ainda está muito sobrecarregada com o significado da história, pode-se simplesmente dizer – e de forma mais precisa – a "ambivalência" da imanência e da exterioridade, ou o exterior imanente. Hijikata foi fiel a essa imanência, por isso não acredito que, depois de seu "vanguardismo", tenha se dirigido a um perfeccionismo técnico do butō ou tenha se envolvido em um retorno identitário do Japão. Ele visava ao fora de tudo isso.

3. AO LADO DE NAKANISHI NATSUYUKI

Estou diante dessa tela, mas onde ela se situa? Ela é medida aqui a partir do ponto infinitamente distante. É por isso que a continuidade entre a tela e minha posição torna-se duvidosa, flutua, se decompõe.

NAKANISHI NATSUYUKI, texto do programa da exposição de janeiro de 2003, *A imagem do arco toca* (*Yumigata ga furete*)

1) A coisa e a analogia

Como já mencionei, ao fundo da cena de *Revolta da carne* (*Nikutai no hanran*), foram suspensas seis placas de latão que ocupavam o centro do cenário. Foi o pintor Nakanishi Natsuyuki [1935-2016] que concebeu isso e, do ponto de vista da colaboração entre os dois artistas, Hijikata-Nakanishi, outros aspectos deste trabalho parecem naturalmente tomar forma. Anos depois, Nakanishi fará uma observação mordaz sobre Hijikata, considerado naquela época como a vanguarda encarnada:

Isso significava que uma vanguarda havia colapsado, desorientada, e que seria necessário reconstruí-la por outros meios.

Quando pensamos no que é a humanidade, podemos falar sobre o mecanismo do cromossomo e da estrutura molecular ou colocar tudo isso nas mãos de Deus. Mas, por outro lado, concordo com a ideia de que o homem é um ser gasoso, que possui apenas um contorno. Hijikata, como eu, concorda sem dúvida com essa ideia. Na década de 1960, podia-se supor ingenuamente o nível de matéria na qual o homem pode se decompor. Mas não acreditamos mais nisso.[1]

---

1 Inada Naomi, *Hijikata Tatsumi: o corpo pós-morte* (*Hijikata Tatsumi Zetsugo no Shintai*). Tōkyō: NHK Shuppan, 2008, p. 241.

Esta observação de Nakanishi criticando a pretensão de vanguarda (desmantelamento, destruição, decomposição e revolta) também diz respeito ao que os dois artistas pensaram e perceberam em relação ao corpo e à matéria.

Podemos retraçar tudo isso através da reflexão e das palavras de Nakanishi. Mas para isso, não podemos negligenciar todo o itinerário da pesquisa do pintor e também será preciso rever como essa colaboração se refletiu na pesquisa de Nakanishi e qual foi a natureza de suas trocas sutis.

Nakanishi descreve uma cena de *Revolta da carne*:

> Cada placa de latão de 2.4 m de comprimento, 1.2 m de largura e 1.2 mm de espessura, anexada a uma corda de piano e suspensa, pode se mover devido ao seu próprio peso, mas não de forma contínua. O peso da placa faz girar lentamente a corda do piano e a placa muda de posição, transforma-se em uma linha vertical na extensão da corda do piano, depois, inclinada novamente, mostra seu outro lado e retorna ao oposto. A placa mostra sua superfície num momento determinado, depois deixa essa frontalidade, refletindo fortemente a luz e revelando pobremente a sua profundidade.[2]

As seis placas são independentes, cada uma com uma presença insólita, como uma dançarina viva e perturbadora.

> Às vezes, acontece excepcionalmente que uma placa para seu movimento. Em cada estado, os reflexos da luz aparecem, desaparecem e se misturam.[3]

As placas de latão emitem e absorvem a luz ao se moverem, refletindo a luz, reenviando o reflexo, mudando constantemente. Cada placa pesa vinte quilos, o que um homem poderia carregar, mas ela é como a água vertida em um vaso plano, de modo que:

2 Nakanishi Natsuyuki, *Grande dispositivo* (*Daikakko*). Tōkyō: Chikuma Shobō, 1989, p. 45.

3 Ibid.

Hijikata com vestido de flamenco, a galinha na frente da placa de latão em *Revolta da carne*, outubro de 1968 © cortesia Keiō Daigaku Art Center.

A água se mova por toda parte numa grande superfície, o centro de gravidade no vaso nunca se fixa... Esse plano se curva, se torce, é difícil de controlar e emite um som obtuso.[4]

Esta placa é flexível como água, incontrolável e resistente. Ela emite luz e som, curva-se, move-se, treme ao reagir à corrente de ar. No entanto,

As placas, que deslocam o centro de gravidade quando são suspensas por uma fina corda de piano – o ponto de gravidade uma vez fixado –, revelam seu caráter dócil e passivo. O ruído já não é produzido por uma força causada pelo deslocamento do centro de gravidade [...] Se aproximamos a orelha desta placa suspensa, percebemos a sonoridade quase inaudível da corrente de ar.[5]

Naturalmente, de acordo com essa concepção de Nakanishi, é impossível para o dançarino tocar essas placas durante a performance. Seus respectivos movimentos são independentes. Essas placas com seus movimentos, suas qualidades, luz e som, estão vivas, e é o dançarino que deve ser influenciado por elas. Nakanishi pediu a Hijikata para não tocar nesses objetos. E o último disse: "tudo bem". Mas o dançarino insinuou-se contra as placas quando começou a dançar quase nu, com seu falo falso de bronze preso aos quadris.

De acordo com Inada em diálogo com o diretor Terayama Shūji, quando este o perguntou o que eram essas placas, Hijikata respondeu: "É um tipo de instrumento de música". Nakanishi ficou consideravelmente desapontado e se deu conta:

Hijikata é uma pessoa que tem uma intimidade com a coisa através da analogia. O mundo, para ele e seus amigos intelectuais, incluindo Shibusawa Tatsuhiko,

4 Ibid.
5 Ibid., p. 46.

é constituído pela analogia. Mas para as artes plásticas, a coisa não é constituída assim, mas pela diferença, pelo que é diferente. O que é diferente importa mais. Devia-se dizer que as placas eram um todo. Isso pode ser qualquer coisa. Uma placa é um todo para um dançarino, um ser de carne que também é um todo, devia ter-lhe dito assim. Se dissermos que é um instrumento musical, isto suscita uma divisão e instala uma analogia que se multiplica. Os especialistas se juntam, fazem dispersar a analogia, cada um interpretando-a. O problema da prioridade aparece. Aquele de "Quem inventou?"[6]

Este é um questionamento interessante, mas que Nakanishi não tentou elucidar com mais detalhes. De qualquer forma, Hijikata definiu um pouco rapidamente o ser inteiro das placas de latão como "instrumento musical". Ele se insinuou contra elas, jogou com elas. Nakanishi viu aí um certo uso "analógico". Do seu ponto de vista, os amigos, eruditos estetas, próximos de Hijikata, também são definidos como pensadores analógicos, lendo livros dos quatro cantos do mundo e interpretando este mundo analogicamente. Outro tipo de pensador, mais sensível à diferença na coisa, perceberia o mundo sem analogia. O intelecto analógico multiplica e prolifera as interpretações da coisa e transcende sem dificuldade a percepção da diferença.

A crítica da analogia de Nakanishi parece apontar para um monte de coisas. Sua proposição crítica contra a analogia e pela diferença está certamente relacionada com o principal motivo que direcionou sua criação nas artes plásticas, especialmente a pintura. Claro, não acho que, em sua dança e em seu pensamento, Hijikata fosse um artista que sempre trabalhava por analogia. Hijikata tinha, sem dúvida, uma potência analógica extraordinária, rápida, sensível, mas ele nunca deixou de encontrar o que estava fora da lógica da analogia. Ao contrário de Shibusawa Tatsuhiko – um escritor que sabia operar de maneira brilhante a analogia em qualquer

6 Inada, op. cit., p. 278.

campo –, Hijikata parecia ter uma natureza quase oposta. Em sua própria pesquisa, ele sempre manteve uma dúvida profunda, uma relação conflituosa, em suma, uma forte consciência da diferença em sua arte.

O que é mais surpreendente é que, nesse trabalho com as placas metálicas para o cenário de *Revolta da carne*, Nakanishi finalmente descobriu algo como um diagrama fundamental para sua próxima pintura, que representará um método rigoroso, um padrão recorrente.

> Alguns anos depois, percebi que a apresentação dessas placas de latão indicava a maneira de ser da pintura, depois da tela e do pintor.[7]

Nakanishi anota:

a. querer levantar-se
b. colapsar
c. tremer e levantar
d. estar simplesmente em pé
e. torcer "um objeto tendo o estiramento que se cria como uma testa", a direção da postura do corpo sendo vertical e ele pronto para girar. Mas, primeiro, ele se torce para a direita ou para a esquerda, hesita em decidir o sentido da rotação. Nesse momento, a borda deste objeto é vista, não revela a parede, mas a sua espessura limitada, muito fina.
f. A base horizontal desse objeto não toca o chão. É suspenso por um ponto na parte superior.
g. O lugar deste ponto de apoio... (definível?)
h. Não fazer a pintura, mas simplesmente ficar em pé na frente desse objeto, uma nova tela para isso.
i. Água nas costas, ou um velho de areia, uma criança sobre as costas.[8]

7 Nakanishi, op. cit., p. 47.

8 Ibid., p. 47.

As seis placas de latão são como as seis partes decompostas de um biombo japonês. Aparece ali,

Uma estrutura escondida *na maneira de ser* [*tatazumai*] da pintura.[9]

Longe da tradição da pintura ocidental, aplicada numa parede ou numa tela fixa, Nakanishi está ciente de que no Japão se pinta sobre um suporte flexível e móvel, que é um biombo ou uma porta deslizante em papel, desconstruídos, é claro, por sua arte.

A tela balança e modifica a posição do pintor diante dela. Ele deixa lentamente os traços do pincel longo e fino, tornado deliberadamente difícil de manipular. A posição do pintor se situa como na borda do mar, e a tela como tangente a um arco imenso que se desenha sobre a borda de um outro mar. A pintura é realizada como um ato no tempo vivido, na fronteira entre dois círculos infinitos. Nakanishi concebe a pintura como "frontalidade", definida na fronteira entre a imagem que aparece como frontal, continuidade de uma extensão infinita e o outro espaço imenso que se estende a partir de suas costas. Essa estrutura de arcos infinitos trêmulos sustenta sempre seu ato de pintar.

As seis placas de latão são como seis biombos compostos e decompostos, como espelhos, torniquetes que abrem e fecham, aqui e ali, uma percussão se os batemos, um instrumento de sopro que vibra se alguém os soprar. Mas elas podem ser todas essas coisas ao mesmo tempo e não ser nada disso. Se os seis biombos são, portanto, múltiplos, uma função ou uma expressão correspondente a qualquer qualidade pode compartilhar diferentes qualidades com biombos que são de fato apenas um "todo" […] O dançarino deve abolir e juntar essa disputa e monopolizar o todo. Para isso, deve-se dizer "isso não é tudo" e esquecer a qualidade metálica das placas. Ele deve deixar essas

9 Ibid., p. 53.

qualidades parciais para artistas pobres. O que o dançarino tem como todo é o nada que permanece quando tudo é eliminado.[10]

Há uma "dialética" singular da arte da Nakanishi. O artista deve afirmar o todo e, depois, rejeitar tudo. Deve possuir um vazio. Mas ele não diz que o desafio da pintura ou da dança é esse vazio. Uma certa "dialética do vazio" é quase tradicional no Japão, na prática do zen, por exemplo, que às vezes pode ser usada como uma armadilha ideológica. Nakanishi sutilmente descarta a totalidade e a plenitude que caminham com a ideia do vazio. Ele propõe uma tomada de posição extremamente sutil, móvel, flutuante.

E sem tirar uma conclusão definitiva, remarco o que estremece a disputa entre os dois artistas em torno do uso dos seis biombos. Nakanishi diz:

Quando uma tela continua a se mover e vira lentamente, vejo o tamanho da fenda entre a posição inquieta da tela e minha posição diante dessa tela.[11]

E ele irá desenvolver essa fenda como o que se abre para um método e uma filosofia da pintura. As seis placas suspensas, flutuando e tremendo atrás do "cadáver" do dançarino que se levanta, são carregadas de um sentido muito essencial, especialmente para Nakanishi.

O que também deve ser ressaltado é a estética do ar e não do nada que Nakanishi exigirá.

O corpo não está separado e, mesmo que desapareça, ainda há algo como uma respiração. A respiração terminada, o ar espiritual expulso. Não é o *qi* chinês. A humanidade é gasosa, é apenas contorno.[12]

10 Ibid., pp. 54-55.

11 Ibid., p. 54.

12 Inada, op. cit., p. 240.

De acordo com Nakanishi, Hijikata compartilhava essa visão do corpo com ele. Yokoo Tadanori diz:

> O Sr. Hijikata não via a carne, mas na verdade o corpo que dela saiu.[13]

Yokoo o qualifica de "*corpo astral*", que introduz uma outra nuance um pouco mística. Mas essa "fenda" e essa visão "gasosa" também eram importantes para Hijikata. Nakanishi e Hijikata compartilhavam problemas e pensamentos, debatiam e estimulavam-se muito.

Mas pode-se dizer também que Nakanishi excluiu, de alguma forma, o peso e o orgânico da carne de Hijikata, a *descorporalizou* e dessubstanciou. Nakanishi se interessava pelas qualidades e formas leves e finas [*perapera* em japonês], enquanto Hijikata dizia:

> Damos um choque com pressão e emerge a forma óbvia de um golpe. É assim que você pode obter uma forma.[14]

Nakanishi acrescenta:

> O que importa para Hijikata é sempre o forte contraste entre o claro e o escuro, a oposição fixa, uma vez determinada. Eu tentei introduzir o rosa e o verde como uma doçura fluida em fusão, excluindo a oposição.[15]

Esse contraste recorta também dois tipos de andróginos: o de Hijikata – que acentuou excessivamente o *eros* dos dois sexos combinados, misturados e alternados – e o de Nakanishi – mais neutro, que reduz a qualidade erótica às curvas minimalistas e a materialidades sóbrias.

13 Ibid., p. 243.

14 *Asubesuto-kan Tsūshin* n. 7, p. 16.

15 Ibid.

A busca da pintura para Nakanishi, como pintor japonês, sempre foi realizada com uma consciência conflitante relacionada à questão: "Como desconstruir a técnica tradicional de pintura a óleo no Ocidente?". Não se deve situar essa pesquisa no prolongamento de qualquer estética nacional. Sua filosofia de cor, que tende para o violeta, o laranja, o verde claro, o cinza, as cores neutras, reduzidas – e cada vez mais para o branco e para pinceladas graciosas e leves –, pode dar uma impressão pura de *japonês*, mas esse *japonês* é apenas o de um arquipélago flutuante, que Nakanishi assim definiu:

> Tōhaku[16] (e seus contemporâneos) deviam receber de maneira puramente passiva a pintura dos Song e dos Yuan no continente chinês. Eles não sobrevoaram, nem sabiam sobrevoar esse arquipélago, mas podiam saber que estavam em um arquipélago instável, sem origem, flutuando onde eles se acreditavam tranquilos, afundando, ali, onde acreditavam estar bem apoiados. Esse arquipélago apoia-se contra o continente e está pronto para deixá-lo.[17]

Cada placa de latão em *Revolta da carne* também era como uma ilha de caráter passivo, curvando-se, balançando-se e arqueando-se. Nakanishi comparava o arquipélago do Japão com um barco agitado, desequilibrado, o que correspondia à sua posição de pintor e à tela que também treme à beira do grande círculo tangente à tela. Neste tremor,

> A concentração passiva com a qual o pintor enche um vaso com água, olha para a superfície da água, tomando cuidado para não derramar, imita uma imagem deslocada.[18]

16 Hasegawa Tōhaku [1539-1610], pintor do período Azuchi Momoyama [1573-1603] que precedeu o longo shogunato da era Edo [1603-1868], famosa pelo *Sumi-e*, pintura com tinta preta. [N.T.]

17 Nakanishi, op. cit., pp. 181-182.

18 Ibid.

154 Aí deve estar o princípio da pintura. Não há uma base absolutamente sólida, mas uma medida sóbria instável em balanço. O Japão é assim problematizado, longe de um retorno à tradição ou de um renascimento dessa última.

Nakanishi expressou, portanto, seu sentido crítico em relação a Hijikata, especialmente no período vanguardista deste último. Mas Nakanishi expressava também uma espécie de empatia por Hijikata, por sua visão de "corpo saído da carne". Hijikata parou de dançar em cena e começou sua pesquisa experimental sobre o Kabuki de Tōhoku, cada vez mais consciente das características do Japão. E concentrou-se, especialmente com *Dançarina doente* (*Yameru Maihime*), na busca do corpo frágil, sóbrio, invisível e fluido. O mundo de *Dançarina doente* também está cheio de "qualidades e formas leves e finas" e gasosas. Não é mais um mundo de analogias, mas, sim, de diferenças ínfimas, infinitas, separadas da dimensão da carne orgânica, ligadas àquela do corpo que excede essa dimensão orgânica.

Nakanishi parecia duvidar sobretudo do existencialismo carnal em sua relação de confronto com Hijikata. E ao criticar o uso "da analogia" em Hijikata, ele tinha um olhar crítico sobre a analogia que permeia a consciência do corpo e as palavras. Ele queria situar-se numa superfície fina, através do ar e do vazio, separada da carne e da matéria. A arte que ele irá procurar e elaborar parece se afastar da sombra da carne e do peso da matéria. Mas essa não é uma completa recusa do corpo. Ele tampouco se afastou da carne do butō. Ele se concentrou mais nas ações do corpo, nos acontecimentos do corpo, suas variações e tremores infinitos. Sem dúvida, Nakanishi capturou, no butō, principalmente os acontecimentos do corpo, seus gestos. Um evento, um ato é um verbo, nunca um vazio, mas é sem substância. Imaterial, incorporal, mas capaz de coexistir com aspectos do corpo.

Essa é uma questão do próprio Hijikata, porque para ele a carne nunca é uma substância ou existência evidente. Já em seu período vanguardista, ele tinha um sentido intenso do imaterial, tanto que conseguia criar trabalhos sóbrios que excluíam a violência da carne e do orgânico, como apontou Gōda Nario. E realizou várias vezes essa mudança essencial, profunda. É óbvio que, para Hijikata, a carne era mais importante do que para o pintor Nakanishi. Mas ele deslocou, progressivamente, o foco de sua pesquisa pela carne em direção ao corpo, aos acontecimentos do corpo, e começou uma pesquisa bastante excepcional com *Dançarina doente*. Com a surpreendente coerência da pesquisa de Nakanishi e as mudanças radicais de Hijikata, que incluem, de fato, uma coerência fundamental, temos muito a aprender.

2) Uma estratégia da pintura

A lista de trabalhos que Nakanishi realizou para o butō, feita por Ichikawa Miyabi, é como um poema que vale a pena citar inteiramente.

Em 1963, em *Massagista* (*Anma*), ele colocou pregadores de roupa nos cabelos dos dançarinos, inventando o penteado de ouriço, e colocou um saco de cubos de gelo sobre os sexos. Em 1965, em *Dança colorida de rosa* [*Bara-iro dansu*], ele exibiu objetos compactos em forma de ovo no saguão do teatro e desenhou também a arte do cartão de convite. Pintou um pé de Hijikata Tatsumi em rosa e o de Ōno Kazuo em verde. Nas costas do dançarino Tamano Kōichi, pintou um sexo feminino com pó [de maquiagem], trouxe o cachorro da mesma raça que aparece no logo da RCA Victor, expôs as costas de homens fotografados. Em 1966, *Ilustração para a pedagogia da ciência da graça e das punições – tomates*, [*Seiai onchōgaku shinanzue – Tomato*], ele fabricou o cenário para o qual apagou em pontilhado a grande superfície de uma cópia de *Adão e Eva* de Michelangelo, deixando as impressões dos dedos, e concebeu um cartaz composto de fotos de costas nuas de homens de tamanho natural. Em *A teoria do conjunto de Gessler Tell* [*Gesuraa Teru gunron*], ele jogou tinta rosa sobre Hijikata enquanto este dançava. No mesmo ano, para uma dança de Takai Tomiko, ele concebeu um cenário móvel em tela, sustentado por varas manipuladas por várias pessoas, um vestido com dois espelhos nos seios, desenhou nas costas de Hijikata uma placa anatômica acentuando suas costelas, concebeu também máscaras de gás e foles para anexar aos seios. Dançarinos usando uma máscara e outros, um fole para enviar ar. Em 1968, em *Hijikata Tatsumi e os japoneses – Revolta da carne*, pendurou seis placas de latão flutuando separadamente sobre o solo. Havia um galo ligado a uma dessas placas. Hijikata, idiota e mudo, era carregado em cena sobre um palanquim, Nakanishi havia fabricado os palanquins cobertos com um mosquiteiro para Hijikata e para um porco, e um poste alto para colocar um coelho no topo. Motor de motocicleta ligado às costelas de um cavalo, luzes de néon, sinais de barbeiro...[19]

Como o título do texto de Ichikawa, a colaboração entre Hijikata e Nakanishi é definida por ele como a luta entre a carne e a matéria.

Nakanishi tenta englobar a carne e materializá-la, determinando-a. Por outro lado, Hijikata tenta dispor os objetos como uma extensão da carne e tenta fazer perceber a carne. A oposição entre os objetos e a carne é feita progressivamente a partir da fusão ou do cruzamento, causando confusão, mistura.[20]

Na década de 1960, Nakanishi participa das performances antiartísticas do High Red Center[21] e dedica-se à colaboração com dançarinos. Após esse

19 Ichikawa Miyabi, "Materialidade do corpo, corporeidade da matéria" (*Nikutai no busshitsusei, busshitsu no nikutaisei*) in *Bijutsu Techō*, maio de 1986, pp. 31-32.

20 Ibid. p. 32.

21 Grupo de happening formado em 1963 e dissolvido em 1964 por três artistas originais: Takamatsu Jirō [1936-1998], Akasegawa Genpei [1937-2014] e Nakanishi Natsuyuki [1935-2016]. Cada um desenvolveu uma obra pessoal. O nome do grupo é acrônimo da tradução inglesa da leitura do primeiro caracter de cada um (Taka = high, Aka = red, Naka = center). Alguns colaboradores se juntaram a suas ações, como Izumi Tatsu [1940-], os músicos

período, parece concentrar-se, principalmente, na pesquisa pictórica. Seria interessante comparar essa progressão com a de Hijikata após *Revolta da carne*. Mas, em qualquer caso, a relação entre a pintura e vanguardismo no itinerário de Nakanishi é tão complexa quanto a de Hijikata, e não é fácil perceber o que é essencial. Ao acompanhar as experiências provocativas de vanguarda e inventar objetos e cenários para Hijikata, Nakanishi não parou sua pesquisa sobre arte plástica e cor. Além disso, vimos que essa instalação de seis placas para *Revolta da carne* desempenhou, de certa maneira, um papel de "protótipo" que, ao se repetir, se tornaria gerador de sua arte de pintura. Através desta série de colaborações experimentais sob a forma de performances antiartísticas, Nakanishi pôde sem dúvida experimentar o que constitui o fundo ou o grau zero de sua arte, com um olhar crítico em relação às instituições de arte.

Desde a época em que terminou seus estudos universitários em artes plásticas, continuou a fazer uma série de pinturas cujo título é *A rima (In)*, para a qual desenhava sobre um fundo de tinta branca misturada com areia apenas figuras mecânicas na forma de um T. Era a expressão de uma espécie de ironia, ao mesmo tempo em direção ao figurativo e à abstração informal. Nessa série de formas em T, como cicatrizes ou insetos, há uma expressão orgânica ou material, mas Nakanishi conseguiu criar especialmente uma superfície estranhamente calma, excluindo a centralidade ou a profundidade. Essa estética singular da série de *A rima* será retomada e repetida exatamente como se houvesse sempre uma rima entre suas próprias obras de diferentes períodos.

Ao atravessar as tempestades da antiarte e do vanguardismo da década de 1960, como Nakanishi construiu uma "dialética" para sua arte? Podemos nos perguntar em relação à situação que Hijikata viveu antes e depois

---

experimentais Tone Yasunao [1935-] e Kosugi Takehisa [1938-] e Kawani Hiroshi [1933-2003] que era editor da revista de vanguarda *Kikan* [órgão] e cofundador da escola de arte alternativa Biggakō. [N.T.]

de *Revolta da carne*. Não é possível simplificar afirmando que o pintor "retornou" à pintura depois de ter atravessado um período tumultuado de vanguardismo. Alguns disseram que Nakanishi começou a se concentrar em cores neutras, contidas, e retomou uma estética decorativa que pertence à tradição japonesa. Mas Nakanishi não parou de conduzir uma reflexão rigorosa, muitas vezes conceitual, sobre o "lugar da pintura", a "mobilidade da pintura" ou sua "frontalidade". O conceitual não quer dizer a mesma coisa que a arte conceitual para a qual um trabalho é a realização exata de um conceito. A pintura é uma realização conceitual um pouco excepcional para Nakanishi. Há um comentário específico que salienta isso:

> A cor é colocada sobre um suporte e, assim, uma superfície de pintura é produzida. Este processo em si é a mobilização de uma conceituação. Nakanishi exige esse tipo de pintura.[22]

Para Nakanishi, a pintura não é um tipo de arte evidente ou conhecida. Existem problemas recorrentes que persistem para ele. Como já mencionamos, primeiro ele considera a superfície da tela como tangente a um grande círculo cujo centro é infinitamente distante. E ao mesmo tempo, ele concebe o pintor diante de sua tela ou o observador que logo o substitui como alguém cujas costas tocam um outro grande arco infinito. O pintor fica na fronteira entre dois círculos infinitamente grandes. E os círculos são como dois oceanos, em movimento e ondulantes. A fronteira está como na beira do mar. O lugar do pintor parece um barco que balança entre dois mares. Fiel a essa ideia do lugar da pintura, o pintor trabalha com um pincel prolongado como uma vara, tocando a tela "que treme", "tremendo" ele próprio. Ele concretizou, às vezes, a relação desses

---

22 Minami Yūsuke, "Nakanishi Natsuyuki e a pintura" texto para catálogo da exposição *Toward Whiteness, Intensity, Presence*. Tōkyō: The Museum of Contemporary Art, 1977, p. 29.

dois grandes círculos como a imagem de uma balança, instalando realmente uma escala ou desenhando-a como emblema de sua arte.

É possível que nos venha uma ideia da grandeza da natureza, ou de um certo naturalismo, através dessas imagens dos grandes círculos infinitos diante e atrás do pintor. Mas é mais preciso dizer que a pintura para Nakanishi é, em certo sentido, isolada da Natureza, aparecendo como um interstício da Natureza.

E o que se isola da Natureza é exatamente a "frontalidade", isso que aparece como "frente" quando paramos de seguir um rio e nos colocamos em uma ponte, de frente para o rio. É uma ruptura em relação à duração do tempo, um instante, uma descontinuidade. Há entre os textos críticos sobre Nakanishi alguns que se referem à "duração" de acordo com Bergson. É claro que o tempo para Nakanishi não tem nada a ver com o tempo mecânico espacializado e dividido na extensão. No entanto, a ideia de tempo (e de instante) não é exatamente o que corresponde à "duração" definida na continuidade absoluta. Mais de um filósofo criticou a ideia dessa duração sem ruptura que abrange tudo. Eles desconfiavam da filosofia bergsoniana de fusão e continuidade absoluta. A ideia de "instante" de Gaston Bachelard, que Nakanishi às vezes citou, também foi uma crítica ao conceito de "duração". O tempo como frontalidade ou instantaneidade rompe a duração. A vertical frontal corta a duração horizontal. Se o tempo é como um rio, o frontal é dado como uma cachoeira que cai verticalmente. A queda não expressa necessariamente a potência da gravidade, mas a interrupção da gravidade.

Considerando como as cores primárias o violeta, o laranja e o verde – que são geralmente definidas como cores intermediárias –, Nakanishi elaborou um uso das cores restrito e preciso, para o qual o intermediário é fundamental. O branco e o cinza se tornaram cada vez mais dominantes. Os traços potentes, que dão a impressão de fluidez ou de, jorro passaram a ser cada vez mais retidos. Não sobrou nada no último período além de pontos brancos sobriamente colocados na tela.

Nakanishi fala do intermediário, do interstício:

> Ícaro voando em direção ao sol; mesmo que ele tenha caído, não bateu no solo e não se espatifou, mas, ao cair, fabricou uma superfície invisível ao nível do solo, pousou lá, sendo ao mesmo tempo um ser na terra e não estando lá. Ele olhava para a terra aproximando-se da Terra e adquiriu a posição e o ponto de vista para sobrevoá-la.[23]

Ícaro é encandeado pelo sol. E quando se é encandeado, deve-se abrir os olhos em vez de fechá-los. Então,

> Nossos olhos já não são mais os olhos. Eles se tornaram buracos para introduzir a luz ao interior do corpo. Uma vez abertos pela luz, os buracos se espalham, o rosto, mesmo largamente perfurado, se faz uma janela que introduz a luz na profundidade do seio.[24]

Eis um pensamento estranho sobre a luz. Com o excesso de luz, vemos mal as coisas, percebemos apenas a luz. Ou melhor, não vemos nada, e apenas a intensidade da luz atinge os olhos. A luz atinge os olhos, como se tivesse sido percebida pelo toque. Nakanishi criou, na sua juventude, um trabalho intitulado *O modelo do háptico* (*Naishokkakugi*), inspirado por *Icon and idea* de Herbert Read, que havia retomado a noção de "háptico" de que falava Alois Riegl.

O uso específico de cores neutras de Nakanishi vem, sem dúvida, menos da tradição japonesa, de uma escolha de cores claras e sóbrias, do que do senso tátil (háptico) de alguém que foi atingido pela estranha intensidade da luz.

---

23 Nakanishi Natsuyuki *Ten Jikkō Iinkai, Deux positions*, t. 3, p. 31.
24 Ibid., p. 23.

Hijikata Tatsumi parecia ter uma visão crítica em relação ao apego de Nakanishi à pintura, que se afastava cada vez mais do seu butō. Isso teria ocorrido devido a uma espécie de leve ressentimento em relação a Nakanishi que já não precisava de Hijikata como parceiro para sua criação? No final, esse tipo de argumento psicológico é inútil. Uma criatividade sempre acompanha a variação dramática da distância, e nós certamente não podemos falar sobre isso em termos de "analogia".

4. O QUE ACONTECEU COM MISHIMA

1) Cores proibidas

Para sua representação, na escuridão intensa de *Cores proibidas* (*Kinjiki*), é sabido que Hijikata roubou o título do romance de Mishima Yukio sem pedir autorização do autor e este se tornou o pretexto para o encontro entre os dois homens. No conjunto das representações vanguardistas, desde o começo Hijikata havia sempre dançado com dançarinos homens ou travestis. Foi somente durante o período posterior à *Revolta da carne* que Hijikata se concentrou em uma coreografia para dançarinas, entre as quais Ashikawa Yōko mereceu o maior destaque. Durante esse período de vanguarda, a atmosfera homossexual ou homossocial era forte e essencial para a sua expressão. A questão não era saber se Hijikata, ele mesmo, era ou não homossexual ou bissexual. Para retomar um enunciado de Deleuze e Guattari, o que importa é o devir, devir-homossexual, ligado essencialmente à colocação da questão da sexualidade através da dança.

Um de seus primeiros textos é, nesse sentido, insólito e provocador:

Vou tentar remanejar o foco entre as duas partes dos meus *Cores proibidas* tocando as bundas que me servem de material; o ânus de um menino que se perde na raiz colossal da carne, florescendo solidamente com confiança em si. Os ramos da carne remontam a um líquido sob a forma de pau; e eu libertei, em uma dança solo, o menino desejando a hora que lhe escancara no começo de *Cores proibidas*. O menino se joga naquilo que sustenta a carne masculina e, sem tremer, partilha a essência ideal do crime.[1]

---

1 Prospecto para *Reunião das 650 experiências, vanguarda dos seis* (1959), reeditado em *Butō Shiryō Shū*. Tōkyō: Keiō Gijuku University Art Center, 2000, p. 56.

Ōno Yoshito e Hijikata Tatsumi ensaiando *Cores proibidas* no ateliê de Tsuda Nobutoshi, que se tornará o Asubesuto-kan de Hijikata, 1959 © cortesia de Keiō Daigaku Art Center.

Nesse texto, Hijikata combina diretamente o mal e a homossexualidade, inspirado sobretudo por Jean Genet. A sexualidade que Hijikata exprime é bruta, selvagem, sem ser tingida de cinismo, contrariamente àquela que o romance de Mishima desenha, o qual tentou descrever aberta e minuciosamente – sem dúvida, pela primeira vez na literatura do Japão – o amor homossexual como antítese cínica da heterossexualidade. O gênio do romance integrou habilmente a narratividade popular e toda uma descrição apurada dos costumes. Os amores, na literatura de Mishima, que se introduzem através da luz fria da consciência de si e do olhar analítico, são sempre falsificadores, simuladores, mascarados ou teatrais. Mas Hijikata não compartilhava propriamente estes aspectos cínicos de Mishima, nem no amor e nem na sexualidade.

A história do romance de Mishima era a seguinte: um escritor velho e desagradável, "sofrendo de um ódio incurável" avesso às mulheres, encontra um belo menino que nunca havia amado uma mulher. Ele usa esse garoto para se vingar das mulheres que o haviam enganado e feito sofrer. Encontra-se em todo o romance os aforismos cínicos ao estilo moralista francês, como:

> Isso que chamamos de pensamento não se produz jamais antes do fato, mas depois do fato.

> Do ponto de vista de um morto, com que claridade o mundo revela os seus mecanismos.

> A natureza é aquilo que se produz, não aquilo que o criou...

Esse cinismo intelectual e pretencioso tem poucos pontos em comum com o mundo inquietante das trevas de Hijikata. É verdade que os dois colocaram em cena a sexualidade e o amor proibido e testaram expressões evocando intensamente a carne, mas as modalidades dessa carne são muito diferentes entre os dois.

Cores proibidas de Mishima é um romance psicológico que desnuda uma máquina desejante subjacente ao amor e à sexualidade, sem dúvida mais minucioso que *O pavilhão dourado* (*Kinkaku-ji*) e *O mar da fertilidade* (*Hōjō no Umi*). A narração e a composição desse romance são clássicas, habilmente estruturadas. Mishima buscava um classicismo para sua literatura. O personagem principal, Hinoki Shunsuke, ainda que viva na sombra, é um escritor célebre, esteta e profundamente cínico. Mishima concebe em seu romance, como Proust ou Borges, um escritor fictício e suas obras completas, assim como uma apresentação crítica de seus antecessores. Hinoki, velho e desagradável, encontra um garoto, Minami Yūichi, bonito como Narciso ou Endímion, que não ama mulheres. Ele o faz desempenhar o papel de herói autêntico do romance, que seduz e engana as mulheres de modo que o escritor possa se vingar daquelas que o traíram e machucaram. Yūichi, fiel à intriga concebida pelo escritor, casa-se sem amor, continuando a amar outros garotos bonitos, fingindo amar o velho homossexual e, sobretudo, seduzindo as mulheres que traíram Hinoki. Assim, Yūichi joga um triplo ou um quádruplo jogo de amor. O velho escritor, que precisa gerir, ele mesmo, todos esses jogos, se apaixona por Yūichi e começa a sofrer. Desenrola-se, então, uma farsa em que se enredam o ciúme e a traição. Os artifícios do jovem Mishima são surpreendentes.

Eu não sei se Hijikata reparou, por exemplo, na cena na obscuridade em que é descrito "o lugar de encontro desta raça".

O seus *semelhantes* [...] Cheios de ânsias ardentes, de escolhas, de buscas, de aspirações, de decepções, de sonhos, de perambulações, de paixões aumentadas pelo hábito narcótico, cujo desejo carnal transforma-se num monstro por obra de uma doença estética incurável, eles iam e vinham, trocando mutuamente olhares fixos e tristes, aproveitando-se da penumbra dos caminhos. Muitos olhos secos, arregalados encontravam-se ali.[2]

E ele continua ainda a descrição dos "meus semelhantes".

Era uma selva de sensibilidades, adensada por plantas de excepcional tenacidade. [...] Os homens que se perdiam dentro dessa selva eram consumidos pelas doenças endêmicas e tornavam-se um tipo de monstro repugnante. Não havia motivo para riso. Mesmo com diferenças de grau, no universo dos homossexuais não há homem que possa resistir à misteriosa força que o arrasta, mesmo contra a vontade, para a lama das sensibilidades humanas.[3]

2 *Cores proibidas*, trad. bras. de Jefferson Teixeira. São Paulo: Companhia das Letras, 2002, p. 79.
3 Ibid., p. 137

O lugar secreto onde transitam homens bonitos como deuses mitológicos também é uma selva obscura nesse romance. A história é com certeza o espelho de uma observação rigorosa autobiográfica. O velho escritor feio e esteta, os heróis maliciosos e belos como um deus grego, sua mulher, seus amantes, os velhos homossexuais, as mulheres maduras sedutoras... Mishima conseguiu construir habilmente os perfis de todos esses personagens com seu olhar perspicaz e cínico. Era como se todos esses seres, jovens, velhos, bonitos, feios, puros, maliciosos, perversos, habitassem Mishima. O seu talento de personagem múltiplo faz certamente parte do gênio literário que *o tornou* esses seres e seus diferentes sexos. Seu talento extraordinário é também aquele do artifício e do teatro. Eu fico impressionado, mas, no final, tenho o sentimento estranhamente irreal da vaidade dos simulacros.

Entretanto, em seu romance, em que Yūichi dança nesse mundo perverso, cheio de traições e complôs, há uma cena singularmente excepcional, quando este último assiste ao parto de sua mulher. Até esse momento, ele havia sido sempre *observado*, sem nunca *observar* os outros.

> O corpo às avessas da esposa era bem mais que uma porcelana. Seu interesse humano, ainda mais profundo do que a compaixão que sentia pelo sofrimento da esposa, compelia-o a ver a superfície molhada da carne rubra e muda, como se contemplasse a si próprio. [...] Sentir sua própria existência era, em última análise, sentir-se visto. Essa nova consciência de existir com certeza, sem ser visto, deixou o jovem inebriado.[4]

É o primeiro momento no qual ele se diz "é preciso ver" e se transforma em ser que vê a carne feminina e aquela do recém-nascido. Ele vê o feto arrancado do "lodo carnal", o rosto de sua mulher e se diz:

4 Ibid., pp. 397-399.

Comparada a ela, todas as expressões humanas de tristeza ou de alegria não passavam de máscaras.[5]

É uma cena excepcional, depois de todos os jogos de traição e sedução. O jovem herói não está mais comovido pelo amor da família, não descobriu o mistério da vida. O que acontece é a reviravolta na direção de seu olhar. Por isso, era preciso assistir ao nascimento, evento e drama da vida, e esse acontecimento constitui uma ameaça absoluta ao olhar da razão, do artifício e da perversidade dos personagens múltiplos em Mishima.

E é Mishima quem acolhe de braços abertos Hijikata e que interpreta o papel de patrono espiritual para o dançarino. O que Mishima encontrou na expressão de Hijikata na época de *Cores proibidas*, afinal?

Mishima escreveu quatro textos para Hijikata, entre 1959 e 1961. Ele começou por dizer:

> Eu faço parte essencialmente da escola clássica e estou alinhado com a tendência da arte de vanguarda, mas amo as pessoas que mergulham suas mãos nos fogos estranhos da época contemporânea e que encontram uma emoção poética verdadeiramente nova na dor da queimadura. Os clássicos e os vanguardistas se encontram nesse ponto, porque os contemporâneos estão na mesma situação, do ponto de vista do terror assustador da existência e de que a expressão desse terror se encaminha em direção àquela do clássico e da vanguarda. Depende apenas dos acasos.[6]

Em resumo, Mishima queria dizer que, apesar de tudo, sua estética clássica se engajava sem reservas no "terror assustador da existência", expresso por Hijikata.

5 Ibid., p. 400.

6 Id., *O butō de Hijikata* (*Hijikata Tatsumi no butō*). Tōkyō: Okamoto Tarō Museum of Art / Keiō Gijuku University Art Center, 2003, p. 18.

Em seu texto de julho 1960, Mishima chama a atenção para o fato de que Hijikata fala muitas vezes sobre "a crise". No balé clássico, as sapatilhas de ponta, como um instrumento insensato e artificial, colocam o corpo em desequilíbrio, em um estado no qual os dançarinos mal ficam de pé, mas podem criar técnicas esplêndidas. A dança de vanguarda não precisa mais desse encantamento suscitado por uma crise artificial.

> É preciso que a crise e a angústia da existência humana se coloquem em cena realmente através da expressão pura da carne humana, excluindo tanto quanto possível os pretextos artificiais ou conservando-os o menos possível.[7]

A expressão de "crise e angústia" não pode se realizar a não ser através de uma linguagem simbólica de forma difícil, mas sem tema e extremamente simples e direta de acordo com Mishima. O texto é inspirado, sobretudo, pela "crise existencial" de Hijikata, quando ela não é mais "existencialista".

Mas no texto de setembro de 1961, Mishima escreve mais concretamente sobre "a relação entre a dança de vanguarda e as coisas", citando as palavras do dançarino:

> Outro dia, vi como uma pessoa com poliomielite segura um objeto. A sua mão não se dirige diretamente em direção ao objeto. Ela tateia muitas vezes, vai no sentido inverso e, depois de uma manobra considerável, pega o objeto. Tive certeza que é exatamente assim que vou ensinar as pessoas um modo particular de mexer as suas mãos.[8]

E acrescenta que a dança de Hijikata rompe "o véu confortável" que mascara "a relação cruel e terrível entre a humanidade e a coisa".

7 Ibid., p. 16.
8 Ibid.

Na dança de vanguarda de Hijikata, a coisa em si existe em alguma parte não se apresentando de maneira visível na cena. A relação entre a humanidade e a coisa é plena de contradições trágicas. O gesto humano, visando à coisa, desliza em vão no espaço, onde se move sob a potência da coisa.[9]

A literatura de Mishima nos impressiona pela força de integração de todos os objetos e corpos em seu estetismo e em sua psicologia rigorosa. A beleza, para ele, era formal e artificial. Mas Mishima presta homenagem ao gesto de Hijikata em direção à coisa em si, uma espécie de materialismo muito original, e que não é visível na literatura do próprio Mishima. Mas o terror do existir, a coisa em si, as contradições trágicas da existência são as questões fundamentais para ele.

2) A desordem na ordem da existência

Entre os numerosos comentários que concernem as representações de Hijikata, os de Haniya Yutaka [1909-1997] estão entre os mais interessantes. Para ele, comparadas às danças rítmicas fundadas sob uma base xamânica, como se vê em alguns filmes estrangeiros, as da trupe de butō de Hijikata Tatsumi eram baseadas em um protótipo que seria a meditação no útero.

> Os dançarinos se movem com gestos angulares, mas as dançarinas se movem lentamente, como se estivessem sendo filmadas em câmara lenta. Seus movimentos, ouso dizer, têm um sentido na medida em que param sem jamais tomar a forma esperada. A essência dessa dança é a negação incessante da espera daquilo que se forma no espaço.

9 Ibid., pp. 16-17.

Se lembrarmos dos anos seguintes à publicação desse texto escrito para a revista *Sekai* [mundo], de agosto de 1962, há um comentário ainda mais interessante sobre butō:

> Se me permito exprimir resumidamente, a plenitude da vida à la ocidental se elabora na vida e na existência e a respeito desta vida e desta existência, em uma correspondência perfeita e um tipo de harmonia. Já o butō mostra que há uma diferença difícil de preencher entre esse Ocidente e nós. A saber, esta dança sugere aparentemente que nossa disposição é a de "não nos acostumar à ordem da vida e da existência" e a "pensar inconscientemente" desde o nascimento e durante a existência. Se estendemos esta disposição inicial para mais e mais longe, nossa "revolução" não será "uma ação harmônica que se fixa perfeitamente, sem falhas" em uma sociedade ou à Natureza, mas um tipo de ruptura que acontece quando se ousa afastar da forma de vida e da existência atual. É com isso que sonho vagamente.[10]

A expressão "meditação no útero", que agradava a Hijikata, não representa um romantismo de "retorno ao interior do útero", mas a situação do feto que se opõe à "plenitude da vida". O butō exprime o estado em que o feto no útero não pode "se acostumar à ordem da vida e da existência", assim como à ruptura no momento de atravessar a terrível distância do nascimento. Esta fratura que o butō exprime corresponde, sem dúvida, ao "terror assustador da existência" para Mishima. A dança de Hijikata provocou esse pensamento e essa emoção nesses dois escritores excepcionais da sua época.

Também é impossível reduzir a razão fundamental da dança de Hijikata a um vanguardismo muito além da tradição ou da terra do Japão, quer dizer, do círculo identitário do retorno-maternidade-plenitude. Esses

---

10 "Novo drama" (*Shingeki*) reed. in *Três décadas do butō de Tatsumi Hijikata* (*Tatsumi Hijikata Butō Taikan*). Tōkyō: Yushisha, 1993, p. 130.

escritores e este dançarino estavam lúcidos em relação ao contexto da fissura e da ruptura original e incurável. Nesta época, haviam esses seres em torno de Hijikata. E as suas questões não eram simplesmente redutíveis a uma oposição grandiosa entre Oriente e Ocidente.

3) A pura sensação da força

O pensamento de Mishima sobre corpo e carne é finalmente expresso e condensado no seu ensaio intitulado *Sol e aço* (*Taiyō to tetsu*, 1968). Comparado ao pensamento de Hijikata e a seu desdobramento, constata-se que estes dois seres insólitos seguiram vozes singularmente diferentes depois do encontro e da empatia que estabeleceram entre si, em torno de 1960. Hijikata jamais abandonou as suas "trevas", enquanto Mishima concebeu e completou seu golpe de teatro nacionalista e imperialista suicidário atraído pelo seu "sol" absoluto.

> O sol estava atraindo, quase arrancando, meus pensamento de dentro de sua noite de sensações viscerais, para as protuberâncias de músculos envoltos em pele queimada de sol.[11]

Mishima se tornou um escritor importante com sua genialidade literária prematura. Ele diz que sua carne:

> tinha se manifestado sob uma aparência intelectual, corroída pelas palavras[12]

É como se a carne tivesse se perdido, a princípio, e o jovem escritor tivesse construído um mundo artificial de palavras, solidamente armadas como

---

11 *Sol e aço*, trad. bras. de Darci Kusano e Paulo Leminski. São Paulo: Brasiliense, 1986, p. 23.

12 Ibid., p. 17.

se quisesse reforçar essa perda. Mas, ao mesmo tempo, ele consolidava cada vez mais uma exigência fetichista do corpo. Era o mundo das palavras que pertencem à noite. Encarcerado neste mundo, o jovem escritor considerava o sol como um inimigo. No entanto, esta situação se reverterá. Ele foi seduzido pela carne, pelo sol, que também era o sol da morte. E um dia depois da guerra, se encontra diante de

Um sol implacável queimava sobre a grama farta daquele verão[13]

Mas,

Aquele mesmo sol, enquanto os dias viravam meses e os meses anos, tinha ficado associado à corrosão e destruição que impregnavam tudo. Em parte, era pelo modo como tinha brilhado tão encorojadoramente nas asas dos aviões decolando para missões, nas florestas de baionetas, nos distintivos dos capacetes, nos bordados das bandeiras militares; mas mais, muito mais, pelo modo como ele brilhou no sangue escorrendo da carne sem parar, e no corpo prateado das moscas pululando nas feridas. Passando por sobre a corrosão, levando a juventude em batalhões para morrer em mares e matas tropicais; o sol imperava sobre a vasta ruína ferrugem que se espraiava até o horizonte.[14]

Esse "sol", comparado aos temas das trevas e da carne em Hijikata, salienta um curioso contraste. Mishima, através da prática intensa do culturismo, possuirá literalmente um corpo.

O aço, fielmente, me ensinou a correspondência entre o espírito e o corpo. [...] Mas, como já expliquei, para mim, as palavras vieram antes da carne, assim

13 Ibid., p. 19.
14 Ibid., pp. 19-20.

> aquela intrepidez, frieza e fortaleza e todos os outros emblemas do caráter moral contidosem palavras precisam se manifestar em sinais corpóreos, exteriores.[15]

Dessa vez, exigindo a correspondência perfeita entre espírito e carne, o escritor tenta controlar e refazer o corpo sem falha. Como a sua criação de linguagem vinha buscando cada vez mais uma elaboração original, reforçando a sua força de corrosão, o que Mishima descobriu em seus músculos trabalhados foi a "vitória do não específico", ou seja, "não somos diferentes dos outros". Ele descobre uma sensação de transparência e, ao dominar as palavras, a carne chega a se confundir com o sol.

> No entanto, era aí que os músculos exerciam sua função mais essencial, moendo com seus dentes fortes e invisíveis aquela sensação ambígua e relativa de existência e substituindo-a por uma sensação inqualificável de poder transparente como a luz.[16]

Nessa sensação pura e transparente, Mishima persegue a história e os outros fora da sua perspectiva e se concentra na consciência da força que atravessa a carne. É também uma sensação infinita de força. Agora, ele lança a sua carne às alturas supremas de seu talento com palavras e de sua inteligência. Ele controla a consciência e a carne como deseja. Ele conduz livremente, e as torna gloriosas e transparentes.

> E a única coisa que realmente me atraía era o ponto em que estas duas tentativas opostas coincidiam – o ponto de contato, em outras palavras, no qual o valor absoluto da consciência e o valor absoluto do corpo se encaixam exatamente.[17]

15 Ibid., pp. 26-27.
16 Ibid., p. 32.
17 Ibid., p. 37.

174 E a melhor e mais pertinente prova de "valor absoluto" é infringir a dor extrema ao corpo.

> Dor, acabei concluindo, poderia muito bem ser a única prova da persistência da consciência dentro da carne, a única expressão física da existência da consciência.[18]

A pesquisa do valor absoluto pela voz do fisioculturismo e das artes marciais encontra seu limite através da dor do corpo e da consciência da dor. Para além desse limite, a morte já fica à espreita.

Mishima escreve:

> o culto dos heróis e um poderoso niilismo estão sempre relacionados com músculos bem treinados.[19]

Seus exercícios insólitos visam à autoperfeição como consciência pura da força, excluindo o outro, o mundo e a natureza. A prova da dor se dirige com clareza em direção à morte. O sol significa o sol da morte. A exigência excessiva da carne não pode se tornar realidade senão pela destruição da carne. Nada além da morte pode materializar-se em "valor absoluto".

Mishima relacionou essa prática da doutrina perversa do corpo ao slogan do Golpe de Estado de 1936, perpetuado por jovens oficiais fundamentalistas, e ao seu imperialismo puro oposto à degenerescência capitalista. Mas *Sol e aço* explica exaustivamente as razões concernentes à prática da sua própria resistência. Para Mishima, a modernidade ou a democracia do pós-guerra, no Japão, não são nada além de duas fantasias quiméricas. Se há traços da história e da alteridade em seu pensamento, eles se encontram no contexto social e político do Japão pós Segunda

18 Ibid., p. 38.
19 Ibid., pp. 40-41.

Guerra Mundial. É claro que isso era apenas um pretexto para seu suicídio espetacular, mas seu "fundamentalismo" da carne precisava desse pretexto. E ele materializará esse fundamentalismo da carne como ato político, porque Mishima, extremamente lúcido, concebia a vaidade do pós-guerra como uma ausência de carne, como foi imposto pelas condições históricas.

Certamente o excesso de linguagem, a falta de carne e a experiência do sol, que intervieram no início de sua trajetória, se encontravam efetivamente em certas condições históricas. Mishima não estava apenas atraído pelo Golpe de Estado dos jovens oficiais de 1936, mas também pela resistência dos partidários do antigo poder feudal (*Jinpūren*),[20] que surgiram logo depois da restauração Meiji, ou ainda por Ernst Röhm,[21] que representava o nazismo de forma passional (*Meu amigo Hitler* [*Waga tomo Hittoraa*], 1968). Mishima desejou reagir antecipadamente às causas históricas que provocaram de alguma forma o seu culto à carne, mas, ao invés de apenas cometer um suicídio espetacular, criou uma outra voz para nos confrontar com o peso ideológico da nossa história.

Sol e aço foi publicado no mesmo ano e no mesmo mês, em outubro de 1968, da apresentação de *Revolta da carne*. Antes dessa publicação, Mishima havia publicado *As vozes das almas heroicas* (*Eirei no Koe*) e radicalizou suas atividades militantes coletivas para apoiar o antigo poder imperial. Combinar a ação e a arte (*Bunbu Ryōdō*) tornou-se o seu desafio, e não significava simplesmente praticar, ao mesmo tempo, a ação e a arte, era preciso visar ao:

---

20 *Jinpūren* ou *Shinpūren no ran* foi uma das rebeliões de samurais tradicionalistas contra o novo governo Meiji que aconteceu em 1874. [N.T.]

21 Ernst Röhm [1886-1934] foi fundador do grupo paramilitar S.A. do partido nazista. Homossexual, ele foi interceptado durante a "Noite das Facas Longas" (30 de junho a 1 de julho de 1934), levante interno que pretendia eliminar Röhm e a ala esquerda nazista do poder. Ele foi executado em sua cela, em 2 de julho de 1934. [N.T.]

o ponto de contato, em outras palavras, no qual o valor absoluto da consciência e o valor absoluto do corpo se encaixam exatamente.[22]

Mishima se dirigia em direção a um limite definitivo, fatal e trágico.

Em suma, a abordagem dual nos separa de qualquer salvação através de sonhos: os dois segredos, que nunca deveriam ter sido colocados face a face, enxergam um através do outro. Dentro do nosso corpo, e sem hesitação, o colapso dos princípios máximos da vida e da morte devem ser aceitos.[23]

Ele escreve como se tudo estivesse pré-determinado e fosse fatal:

A morte começou quando me determinei atingir uma existência além daquela que as palavras proporcionavam.[24]

Era preciso a todo custo sair do jogo de palavras, que era, então, inevitável. Ele fabrica artificialmente uma carne, dominando-a como dominava as palavras, a escrita. Para ele, a carne será tão transparente como as palavras. Então, se ele não saísse definitivamente das palavras e da carne, ele não poderia aperfeiçoar a consciência da vida e a vida da consciência. A solução não era outra senão o suicídio, no qual o ponto de contato entre o conhecimento e a prática se concretiza definitivamente. Se tivesse sobrevivido, aquilo que deveria convergir, o absoluto e a pureza, seria perdido.

Mishima se lembrava dos jovens pilotos kamikaze durante a guerra, na tentativa de abrir somente um pouco a sua lógica da carne para fora de si mesma, em direção ao

22 *Sol e aço*, op. cit., p. 37.

23 Ibid., p. 50.

24 Ibid., p.p 65-66.

senso intuitivo que o grupo representa o princípio da carne[25]

já que

[...] o grupo deve estar aberto para a morte.[26]

Quando acreditou possuir o corpo, conquistou também a consciência de que:

Não somos diferentes dos outros.

Mas "a equipe" não lhe colocou questões que pudessem romper o círculo da consciência de si e da carne selada na sua lógica extremamente narcísica.

O último capítulo (epílogo) termina com a descrição dramática da experiência de quando Mishima sobe, ele mesmo, em um caça das forças aéreas armadas (F104 Starfighter). Não havia nem sequer o corpo, somente a luz, o céu, a velocidade, a consciência absolutamente límpida, o avião que escurece o céu como um falo. As nuvens são como espermas, uma serpente gigante que morde a sua própria cauda. É, em suma, a sensação pura de força. Na cabine do supersônico, era como se o corpo e a questão da carne tivessem evaporado juntos. O *self* de Mishima não era mais do que um espermatozoide ejaculado no céu. Foi Mishima quem descreveu essa experiência como entrega sexual final.

Mishima partiu para longe da dimensão em que encontrara Hijikata.

Não se sabe muito bem como este último interpretou o protesto político e o suicídio espetacular do escritor. Na realidade, Hijikata, ele mesmo, não entendeu tal ação. Pressionado para explicar ao escritor Shibusawa Tatsuhiko, que acabara de publicar uma homenagem a Mishima, respondeu:

25 Ibid., p. 84.
26 Ibid., p. 86.

Mishima é meu amigo, é tudo, não tenho mais nada a dizer.[27]

Nakamura Fumiaki diz em seu livro[28] que quando Shibusawa o chamou no momento do acontecimento, Hijikata respondeu de imediato:

Não se preocupe. Não sou eu que estou morto.

Nakamura escreve também aquilo que Gōda disse sobre os dois:

Mishima se gabava da beleza de sua espada tradicional, da perfeição de sua arma, mas Hijikata dizia que uma arma verdadeira era a enxada que um camponês vira contra um inimigo, quando ele escava a terra.[29]

Embora *Cores proibidas* tenha sido uma inspiração significativa para Hijikata, este não necessariamente compartilhava a filosofia e estética de Mishima. A motivação de Hijikata estava longe das tendências da literatura de Mishima, esteta, intelectual, maneirista e urbano.

Mishima, cujos pai e avô eram burocratas do Estado e de família nobre, tornou-se prematuramente escritor. Com saúde frágil em sua juventude, tinha apenas poucos aspectos em comum com Hijikata, que havia crescido em uma cidade do nordeste, em uma natureza selvagem e no meio do povo. Hijikata foi praticamente autodidata, lia muito, e construiu sozinho a sua cultura poética. Tendo aprendido a dança moderna em Akita, foi através desta e da sua própria formação que se tornou um artista absolutamente singular e brutal.

---

27 Inada Naomi, *Hijikata Tatsumi: o corpo pós-morte* (*Hijikata Tatsumi Zetsugo no Shintai*). Tōkyō: NHK Shuppan, 2008, p. 345.

28 Nakamura Fumiaki, *Às margens do butō* (*Butō no mizugiwa*). Tōkyō: Shichosha, 2000, p. 89.

29 Ibid., p. 90.

Mishima acolheu *Cores proibidas* de Hijikata e rapidamente apreendeu e defendeu o essencial de sua expressão. Sua crítica a respeito de Hijikata é sensível e essencial. No entanto, há uma diferença considerável entre suas estéticas ou entre suas filosofias do corpo. O pensamento do corpo, materializado através da pesquisa do "corpo exaurido" (*suijakutai*), que resulta em *Dançarina doente*, e a filosofia do corpo em Mishima, expressa em *Sol e aço* e combinada às suas ações políticas transcendentes, não têm nada em comum. Mesmo assim, a pesquisa de "corpo exaurido" de Hijikata se cristaliza progressivamente depois de *Revolta da carne*. Até então, Hijikata havia perseguido a violência e a destruição, a perversidade e o sacrifício, sobretudo com os dançarinos homens. Mishima escreveu para defender Hijikata, sobretudo nesse período.

E nós não sabemos se o suicídio de Mishima teve qualquer impacto sobre Hijikata que começou a se concentrar, a partir de então, em sua pesquisa sobre o Kabuki do nordeste (*Tōhoku Kabuki keikaku*). É impensável que a morte de Mishima em nada tenha influenciado a vida de Hijikata. Mas sem dúvida tal influência apareceu finalmente como uma antítese. E, para mudar os seus próprios pensamentos sobre a carne, a força (o poder, a violência), a vida e a morte, Hijikata não precisou ser propriamente "influenciado" por Mishima, já que:

> O conjunto do corpo exaurido de Hijikata era uma resposta e o primeiro passo para responder a Mishima, que havia escapado da beleza e se suicidado para deixar uma mensagem política.[30]

Em todo caso, se houve ou não um impacto ou uma influência de Mishima, Hijikata dará sua resposta de todo modo distinta à questão da carne, da vida e da morte. E mesmo se as vozes que escolheram eram opostas, os anos 1960 constituíram uma época turbulenta em que estavam presentes

30 Ibid., p. 168.

o pensamento cínico, a crítica que percebe o corpo e também as ações provocadoras e destrutivas, as festas, as revoltas, as transgressões, as reflexões prudentes e também sutis. A carne que Hijikata descobriu e sempre pesquisou e aquela que Mishima forjou e elaborou não são as mesmas, mas a carne está em jogo em toda parte, e ela não deixa de se relacionar com a política que concerne o povo, a comunidade e a democracia.

Mishima, com sua consciência trágica, exige a presença da carne e de uma coletividade passional. E cumpre a sua exigência em *Vozes de almas heroicas*, mortes pela nação e pelo imperador. Hijikata, por sua vez, nunca tentou cumprir nenhuma exigência de uma razão histórica. A carne, para ele, não é uma coisa que se possui, ensina ou aprimora. Uma comunidade ou uma coletividade não precisa se determinar por exterioridade ideológica, transcendente. A carne é obscura, ela não se submete ao pensamento, mas pertence antecipadamente a uma certa comunidade. Sua consistência é certa, mas seu conteúdo incerto, pertence ao outro. A carne não é uma coisa que se possa ensinar inteiramente com exercícios e aço. Ela muda sem cessar com o gesto, o movimento e o tempo, dobra e redobra suas dobras infinitas. Ela não é integrada a uma consciência racional ou estética.

Mishima exercitou seu corpo um pouco como um super-homem ou além-homem e estava preparado para sacrificá-lo pelas almas dos heróis da nação, ele enrijeceu e aprisionou a carne e a coletividade na consciência e aí as encarcerou. O corpo nunca é infinitamente aberto. O corpo foi isolado como uma massa de ferro fria, a coletividade que devia abrir seu isolamento não era mais que a comunidade de almas puras, trancadas sob a crença em um imperialismo puro. Comparada a isso, para Hijikata a vitalidade do corpo comum aberto sem poder pertence a um povo sóbrio, frágil, ínfimo, mas aberto a uma virtualidade ampla e infinita. Aceitar o esgotamento, a velhice, os estados sem força ligados à ferida, ao colapso, e viver tudo isso em uma dimensão molecular é também encontrar um povo sem nome.

O livro de Kawamura Satoshi[31] sobre butō começa falando do encontro com Mishima e revela referências para compreender o que é o corpo para Hijikata. O desenvolvimento da arte de Hijikata é interpretado como resposta à morte de Mishima. Certamente Hijikata também conheceu o drama e o conflito entre as palavras e a carne, vivido tragicamente por Mishima, e o enfrentou encontrando um outro nó entre eles. Hijikata falou de Mishima depois de sua morte,

Ele queria se atar a qualquer coisa, fazer uma festa; cortou o ventre para se vincular.[32]

É claro que Mishima queria se ligar aos jovens soldados que ele havia formado e aos revoltos de 1936, com todos os mortos sacrificiais e as forças puras que sobrevoam a sociedade e a política. Em resumo, ele queria vincular sua morte a um poder puro e absoluto. Mas com que Hijikata queria se conectar?

---

[31] Kawamura Satoshi, *O corpo exposto de Hijikata Tatsumi* (*Hijikata Tatsumi Abakareru Urashintai*). Tōkyō: Gendai Shichōsha, 2015.

[32] *Obras completas* (*Zenshū*), t. 2. Tōkyō: Kawade Shobō Shinsha, 2005, p. 132.

5. ANTES DA *DANÇARINA DOENTE*

1) A ordem das palavras inexprimíveis através de palavras

Sob vários pontos de vista, Hijikata era um dançarino único. Ele nos deixou incontáveis palavras, o que pode parecer excepcional para um dançarino. São manifestos que apresentam seus espetáculos, reflexões sobre dança, ensaios críticos, textos escritos para performances e exposições de amigos, textos mais ou menos autobiográficos, diálogos e entrevistas. Esse material foi reunido nos dois tomos das suas obras completas, cujos fragmentos já foram mencionados em diversas passagens deste livro.

Além disso, havia muitas notas para coreografia, palavras ditadas ou anotadas por seus discípulos, cuja totalidade ainda é desconhecida e dispersa. A criação coreográfica era certamente o objetivo primordial da sua pesquisa que ficou para posteridade. Mas a presença de Hijikata também se constituía sempre como uma prática verbal densa e insólita. Ele refletiu, nomeou suas danças, escreveu seus manifestos, organizou colaborações com uma profusão admirável de ideias. Pode-se afirmar que suas palavras sempre foram inseparáveis de sua dança.

A maior parte de seus textos era cheia de dobras e saltos, como um poema surrealista ou um diálogo zen, falando através de enigmas, provocando, intrigando e propondo, muitas vezes, questões violentas aos outros e para ele mesmo. Nos anos 1950 e 1960, engajado na performance experimental como expressão do caos e do tumulto da época, ele sempre dizia palavras para encorajar a sua própria ação performativa.

Foi no final dos anos 1950 que o jovem que vinha de Akita-ken, Yoneyama Kunio, começou a usar o nome Hijikata Tatsumi. Ele era um "enfant terrible", filho dessa época agitada no Japão, e, ao mesmo tempo, contra a sua própria geração. Isso porque certamente ele era filho de seu tempo, gerado pelos turbilhões dos desejos, dos sonhos, dos conflitos e das repressões do momento, mas também se mostrava efetivamente contra tudo isso, no sentido de que desafiava as instituições, os costumes, a moral, os valores dominantes, resistindo e querendo destruí-los.

Assim, muitas das suas palavras estão ligadas, com certeza, à sua pesquisa singular de movimento. O ano de 1959, no qual apresentou *Cores proibidas* (*Kinjiki*), deve ter sido uma virada importante para ele após um período de errância, no qual havia sobrevivido fazendo qualquer trabalho. O texto no prospecto desse ano, cheio de provocações poéticas e de uma atmosfera violenta e perversa, acompanha a sua dança ambiciosa.

> Nas páginas de uma obra inquietante, publicada por um Sindicato Eterno que anexa um catálogo de carícias detalhadas acusando a sociedade e os suspiros denunciados, alinham-se signos guilhotinados.[1]

Este é apenas um exemplo. Assiste-se, a cada texto, a uma parada de palavras inquietantes e provocantes.

Aí aparece um estilo pleno de violência perversa, surrealista, visivelmente elaborado e que presta homenagem ao amor selvagem homossexual. Mas o autor não joga apenas com vocabulário provocativo. A provocação sempre se destinou, antes de tudo, a ele mesmo.

> Entrever o cruzamento de uma vida breve em sua duração, é, na verdade, espreitar a mim mesmo, que corri uma longa distância sem fôlego.[2]

Nesse tipo de observação, há sempre uma reflexão sutil, uma metafísica singular. Os manifestos de Hijikata não são apenas perturbadores e

---

[1] Prospecto para *A reunião da experiência – 6 de vanguarda*, 1959, reeditado em *Hijikata Tatsumi Butō Shiryōshū*. Tōkyō: Keiō University Art Center, 2000, p. 56.

[2] Ibid.

originais por causa de seu conteúdo e estilo. Eles anunciam a aparição de um pensamento inseparável de sua prática de dança. Mesmo porque, essa dança é alimentada pelas palavras enquanto também as ultrapassa, acelera e exacerba. Esse drama entre palavras e dança será em a *Dançarina doente* (*Yameru Maihime*) plenamente expresso, examinado, cristalizando--se como uma prosa singular.

Para aqueles que se interessam sobretudo pela criação e desenvolvimento do butō de Hijikata, essas palavras são arquivos preciosos, mas suplementares. Elas não formam um *corpus* que se deveria estudar como obras literárias e filosóficas. Já existem estudos bibliográficos fantásticos que se concentram sobre a progressão de suas atividades como dançarino e coreógrafo, tratando seus textos como aquilo que pode elucidar a criação para a dança de modo suplementar.

No entanto, é mais que isso. Tudo que se encontra no universo da linguagem escrita e enunciada por Hijikata pode conceber esse universo como um labirinto desmedido. Se as suas palavras formam um labirinto, a sua dança também parece um labirinto. Suas palavras são uma reflexão sobre a dança, são notas para coreografia, são uma autobiografia de um dançarino e são uma escritura inclassificável para a multiplicidade de sua pesquisa e de seu pensamento. Para sua dança, seu pensamento é indispensável, mas suas palavras chegam quase sempre a uma dimensão que ultrapassa a dança. Nós podemos lê-las certamente como uma obra ou como textos excepcionais.

Em resumo, eu me interesso muito pela singularidade de seu pensamento expresso através de suas palavras. Mas não me atribuo, evidentemente, nenhum direito de excluir a sua própria reflexão sobre a singularidade de sua dança e, para compreendê-la, é também fundamental que eu me refira aos testemunhos, aos espectadores ou aos críticos que assistiram às suas apresentações. Entre eles, há muitos que ficaram impressionados com a expressão verbal de Hijikata. Mas, de fato, há apenas poucos trabalhos que tentaram entrar no *corpus* labiríntico de suas palavras. Os livros de Kawamura Satoshi são uma rara exceção: *A aparição da carne* (*Nikutai no Apparition*) e *Butō, com efeito, é por isso...* (*Butō Masani Soreyueni*). E também destaco Yoshimoto Takaaki, um dos grandes críticos literários e pensadores do Japão, que escreveu sobre *Dançarina doente* em *High Image ron*:

> Ele representa excepcionalmente a dança escrita por palavras.

E tenta interpretar seriamente a relação entre as especificidades da escrita de Hijikata e sua dança:

> Porque para Hijikata, a dança das palavras e a dança do corpo eram a mesma coisa, sua dança, metaforizada em forma de poesia pura e chegando até o poema em prosa, aparece na dança do corpo performada por diferentes dançarinos de butō.

Yoshimoto concebe as palavras de Hijikata como metáfora da dança. Como metáfora, suas palavras são independentes da dança, mas, na medida em que são metáforas da dança, elas se submetem à dança. Yoshimoto não hesita em dizer:

> Eu fico entediado com a invisibilidade que a dança confere a essas palavras.[3]

A observação de Yoshimoto parece surpreendente, mas também estranha. Ele lê as palavras de Hijikata uma por vez, como metáfora, poesia, dança de palavras, e as compara à escritura de Kafka, se dando conta da diferença em relação ao contexto de Kafka, porque a escritura de Hijikata está baseada essencialmente na dança. Yoshimoto é sensível à originalidade das palavras de Hijikata, mas isso não o impede de reduzi-las à dança.

---

3 *High Image ron III*. Osaka: Chikuma Gakugei bunko, 2003, pp. 37-40.

O que me parece estranho nesse argumento? Certamente as palavras de Hijikata sempre avançaram ao lado de suas experiências, suas pesquisas e as criações de butō, mas também têm a sua própria dimensão de pensamento, o que não é de forma alguma contraditório. Suas palavras acompanham a dança, são estimuladas por ela e praticamente se constituem no movimento, mas nunca inteiramente. São palavras que acompanham, criticam, salvam a dança, mas também são autônomas.

É muito significativo que Hijikata tenha escrito finalmente o livro *Dançarina doente*. Isso lhe deu uma autonomia e uma consistência às palavras, materializadas através da dança. Alguns artistas, pintores ou cineastas também deixaram esse mesmo gênero de palavras preciosas. O diálogo de Cézanne com Joachim Gasquet, os escritos de Giacometti, *As notas sobre a cinematografia*, de Robert Bresson, os escritos do pintor Nakanishi Natsuyuki ou Wabayashi Isamu [1936-2003] acompanham muito de perto as suas criações artísticas, como meios e reflexões para a pesquisa, mostrando que o pensamento cristalizado em suas palavras tem uma dimensão, de certa forma, autônoma. O que conta não é exatamente o fato de estar à altura dos melhores escritores e filósofos, mas que seu pensamento surge em uma dimensão insituável, sem fronteira e sem gênero.

O que é universal? Não sei. Tais palavras estão tão ligadas a singularidades de cada criação, muitas vezes difíceis de ler, mas acima de tudo não generalizáveis, nem globais. Seus pensamentos estão ligados singularmente àquilo que se passa no nível da percepção, sutilmente observado e experimentado. Aquilo que é, muitas vezes, invisível e imperceptível, é justamente o que os melhores artistas ou intelectuais passaram a observar ou exprimir.

As palavras que aparecem sobretudo em *Dançarina doente* também estão entre os exemplos que tocam essa dimensão, em relação à qual nada podemos além de percebê-las. Isso porque há uma tal dimensão difícil de explicitar em palavras, virtual e quase invisível, mas que pode ser percebida e a cristalizada em palavras. As histórias excepcionais, os relatos passionais, as obras monumentais não são sempre escritos com suas palavras. Mas sem dúvida, o pensamento e a percepção que correspondem a essas palavras existem por toda parte e, na realidade, não param de dar vida à História – às historias e suas obras.

2) No fundo do vanguardismo

Os textos agrupados postumamente em *Belo céu azul* (*Bibō no aozora*), entre os quais a maioria eram folhetos escritos para apresentações, resumem bem a postura vanguardista de Hijikata nos anos 1960. *Os materiais interiores/materiais* (*Naka no Sozai/Sozai,* 1960), *Dança das trevas* (*Ankoku butō,* 1960), *Para a prisão!* (*Keimusho e,* 1961), na continuidade do folheto de 1959 que já citamos, propõem a "dança terrorista" ou a "terro-dança" e a imagem de uma nova dança com inspiração poética repleta de uma atmosfera do mal, do crime, do drama e da perversão. *Os materiais interiores/materiais*, por exemplo, começam por esta frase:

Para fazer terrorismo epigástrico é preciso suspender o estômago para cima

Esta frase dirige a atenção para o gesto e para o corpo. É importante notar que Hijikata não só desenvolvia ideias perversas e violentas. Essas ideias eram trazidas ao corpo a partir de observações detalhadas:

A espinha dorsal é inclinada para frente. A dança desliza nesse declive.

As frases são cheias de flexões, cortes, caos, sem nunca descuidar da atenção com o estilo. Alguns termos se misturam caoticamente, como "arte do ânus", "dança-veneno", "dança das costas", "dança dos pelos", "terro-dança", "dança colorida de rosa", "dança das trevas", "sacrifícios", "dança cômica" etc. Ele afirma que:

188 É preciso massacrar todas as artes e todas as culturas,

Hijikata se refere a Rimbaud, Lautréamont e Sade para a sua série de revoltas. E entre as expressões de seu vanguardismo, ele insere, às vezes, a descrição de sua infância em Akita:

> A galinha que meu pai matou era vermelha.[4]

Nos anos seguintes, essa infância não será apenas um objeto de lembrança, mas, sobretudo, procurada e pesquisada como núcleo de seu pensamento. No entanto, neste momento inicial, ela ocupava apenas um pequeno lugar pouco visível em seu projeto ambicioso experimental.

Revolta da carne (*Nikutai no hanran*) é certamente uma obra de uma época na qual Hijikata praticava sua "dança" como revolta, experimentação, revolução. Sua inspiração já havia sido manifestada plenamente, por exemplo, em *Para a Prisão!* (*Keimusho e*). Este texto começa por uma passagem estranhamente circunspecta:

> Eu estava resfriado, cada vez que via uma pedra, inquieto quando via uma paisagem completamente deserta, eu me sentia aleijado...[5]

Mas imediatamente, ele manifesta uma recusa violenta aos cidadãos que tem ar de cadáveres e começa uma provocação:

> Não existe um trabalho capaz de semear a decadência total e o terror cru no mundo?[6]

---

4 *Obras completas* (*Zenshū*), t. 1. Tōkyō: Kawade Shobō Shinsha, 2005, p. 90.

5 Ibid., p. 201.

6 Ibid.

Indicando "democracia como promessa vã", "Sociedade da produtividade", "alienação do trabalho", "indigência da politica"; ele acusa a sociedade, a civilização, a moral, o capital e a politica como inimigos que lhe sitiam, oprimem, agridem. Referindo-se a Bataille, Genet, Nietzsche, Marcuse, ele define a dança como aquela de um "especialista da carne", para o "renascimento da carne". Há também termos como "a constituição da imagem da humanidade como novo individuo e sua solidariedade" ou "a transformação da humanidade". Estas expressões não aparecem novamente nos ditos e escritos de Hijikata e, mesmo neste momento, Hijikata nunca pronuncia a palavra "engajamento". A sua revolução não consiste em fazer o que se entende no senso comum por uma dança deliberadamente política, mas, sim, em criar "uma dança encarnada, excluindo a política".

> Nada mais faço senão continuar o diálogo entre a vida do eu único e o Universo.
> Eu posso dizer que minha dança compartilha seus fundamentos com o crime, a homossexualidade, a festividade, o ritual, para que ela seja o ato de exibir abertamente a sua inutilidade.[7]

Hijikata não exprimiu simplesmente uma ode a respeito do mal, da perversidade e da decadência, que estavam na moda na época. Havia em Hijikata uma tomada de consciência singularmente intensa da "vida do eu único", que o isolava da moda do momento. A dança proposta em seu texto *Para a prisão!* não se parece com nenhuma dança.

> Impedido de falar, as orelhas cerradas para não ouvir, vestido com uniforme de cor indefinível, ele está sempre consciente de estar em pé desnudado.[8]

7 Ibid., p. 198.
8 Ibid., p. 200.

Hijikata concebeu um estado de corpo para a dança referindo-se a Georges Bataille, que definiu a nudez como estado extremo da "comunicação", podendo restabelecer a continuidade do ser. Ele duplica esse estado de "passividade perfeita" de um condenado a morte. Citando *Santo Genet* de Sartre, recupera o estado de corpo de um condenado à morte e propõe uma outra dança:

> O condenado à morte que é obrigado a andar para a guilhotina é um ser que já está morto, apegando-se à vida até o fim. Esse pobre ser condenado a um estado impossível em nome da lei é condensado como limite do antagonismo violento entre a morte e a vida. O homem que não anda mais, mas se faz andar, o homem que não está morto, mas se faz morrer... Nessa passividade perfeita, apesar de tudo, deve aparecer paradoxalmente, uma vitalidade original da natureza humana [...] Naquele momento, em pé no andaime, as mãos atadas, o criminoso ainda não é um defunto. Ele se vai em um instante. Um instante desta vida determinada pela vontade da morte [...] diz também Sartre. Esse estado é exatamente o protótipo da dança, e meu trabalho consiste em criar esse estado em cena.[9]

Hijikata observa que nesta "vitalidade passiva" há uma "vitalidade original" duplicada da ideia de drama no qual "o corpo desnudado se combina inseparavelmente à pena de morte". Esta ideia não é mais nem de Bataille, nem de Sartre, ela pertence ao seu próprio ponto de vista, à sua visão de vitalidade e à sua filosofia da dança.

"O corpo desnudado" e "a passividade perfeita" são absolutamente ligados ao seu sentido intenso de vitalidade, que o fez dizer "o material é um ser vivo". E esse sentido é inseparável de uma percepção viva da sociedade e do poder que circunda a vida. O jogo da "revolução", para Hijikata, não é nem uma democracia, nem um socialismo, nem direitos humanos, mas

9 Ibid., pp. 200-201.

"a vida". Não é a sobrevivência, mas um certo estado ou uma forma de vida. Mesmo que Hijikata nunca tenha falado muito de política (a não ser para negá-la), ele aguçou uma sensibilidade excepcionalmente forte a respeito do poder sitiando a vida.

As mãos e os pés descolados de um corpo orgânico, eu os reparo com uma persistência furiosa.[10]

A atenção de Hijikata está voltada para a ordem orgânica da vida. Ele escreve:

Eu invento o molde da caminhada hoje a partir da terra sob a qual dançar é outra coisa e não voar.[11]

Ele visa, com isso, ao movimento minimalista do corpo, que consiste em andar ou não poder andar. Para a dança que se dirige em direção a esta vitalidade – esta nudez ou esta carne – apenas "a terra negra do Japão" ensina e inspira o manifesto de Hijikata, que diz:

É preciso introduzir esta sensação de caminhada no teatro.[12]

Ela revela uma percepção propriamente sutil no fundo de um gesto ambicioso provocativo que finge visar à "transformação da humanidade".

O jogo da sua revolução através de uma dança não é nem a democracia, nem a produção, nem o trabalho, mas a vida e o sistema de poder que sitia a vida, uma biopolítica. Sua atenção à "terra negra do Japão" não é uma pesquisa identitária, um retorno aos ancestrais, mas uma necessidade

10 Ibid., p. 198.

11 Ibid., p. 202.

12 Ibid.

absoluta de confirmar todas as potencialidades dessa vida. A dança de Hijikata sempre existiu com esse sentido denso e intenso da vida.

3) Topologia de *Denguri*

Quando lemos os textos reunidos cronologicamente na segunda parte de *Belo céu azul*, a partir de *A experiência do butō no céu da Ásia* – publicado inicialmente no ano da *Revolta da carne* –, as mudanças de temas e de tom são visíveis. Hijikata renuncia aos gestos do dançarino violento, revoltado e perverso:

> Quando o céu da Ásia escureceu sinistramente, eu me agachei no chão em um canto da casa, todos os dias eu me fazia engolir o carvão consumido [...] o que eu fazia era a dança das crianças que fazem todos os esforços para morder o lavatório, ou aprendendo o segredo da respiração como se vivessem com um saco colado ao corpo.[13]

Cada vez mais relevante é a sua atenção para a infância, mas não são as lembranças da infância que Hijikata anotava com uma escrita muitas vezes difícil de seguir. Ele não forma uma memória poética, mas se incumbe de procurar nas lembranças como "uma origem profunda do gesto do butō", a vida de uma criança,

> que vivia como um idiota ao lado dos cereais, dos vapores, das pranchas de madeira, do pai, das penas de galinhas.[14]

Era preciso que a lembrança, ela mesma, fosse uma dança.

13 Ibid., p. 212.
14 Ibid., p. 213.

Com quarenta anos, Hijikata já era um dançarino de vanguarda renomado, figura diabólica terrível, que não parava de indicar que a fonte principal de sua inspiração para dança era a sua infância no nordeste (Tōhoku). Mas os textos deste período começaram a exprimir tudo isso mais visivelmente. Segundo ele, quando uma criança vê o mundo, quando ela se joga no mundo, já é o mundo que é jogado no corpo da criança. O adulto Hijikata também é observado por essa criança, pois a criança se joga no corpo do adulto. Ser olhado pelos outros e pela carne é o que sugere "uma origem profunda do gesto do butō" – mais do que a ação de observar.

Então, esse trabalho muito especial de lembrar será uma experiência potente, longamente aprofundada e sob a qual versará o livro *Dançarina doente*. Em uma conferência (1985), já depois de ter publicado este livro, Hijikata ainda falava do mundo dessa criança de maneira surpreendente.

> Nas minhas fotos de infância, eu fazia sempre caretas, mas não deveria fazê-las. Agora, considero tais caretas preciosas. A partir de hoje, gostaria de exteriorizá-las abertamente e me aproximar do mundo das crianças. As caretas são estranhamente íntimas. Alguma coisa muito nostálgica, que cresce de maneira insignificante e entra na humanidade. É preciso antes escutar e captar esses gritos e nada nos resta a não ser elaborá-los um pouco. Não temos tempo de nos queixarmos. Aquilo que é enorme e o que é insignificante se misturam. Esta é a realidade.[15]

Como vimos, Hijikata pesquisou exatamente isso para escrever *Dançarina doente*. Depois da publicação do livro, ainda dizia que ia continuar, mas pouco depois deixaria este mundo.

A pesquisa da infância para Hijikata dificilmente faz parte de um gênero de pesquisa ou de protótipo de sentimento. As memórias da

15 Ibid., p. 149.

infância na literatura giram, muitas vezes, em torno de um sentimento de criança. Se não se invoca a história libidinal na família, a lembrança de criança é, muitas vezes, uma história de amor mais ou menos colocada em xeque. Mas o que contava para Hijikata não era o sentimento de criança, mas a sua sensação ou a sua percepção, ou melhor, a própria criança como sensação ou percepção.

Em *Dançarina doente*, é raro que uma mãe ou um pai ou outros parentes apareçam com seus rostos, seus lados psicológicos. Mesmo em outros textos, Hijikata falava muito pouco de sua família em termos de relações sentimentais. Uma irmã é um ser que começa a dançar no interior do corpo de Hijikata. A lembrança dos pais diz respeito a seus gestos sem expressões sentimentais. A criança implicada na cena de família a vê como uma cena teatral e dirige sua atenção aos gestos e vestimentas dos pais.

Não se sabe se a criança Hijikata se parecia realmente com essa criança da qual ele fala, o que poderia ser um objeto de trabalho bibliográfico. Em todo caso, a criança da qual Hijikata se lembra, que ele pesquisa e reencena, se faz apenas em gestos e sensações. Ela não é composta somente de eventos que se passaram no corpo de uma criança, mas é combinada ao espaço-tempo, às relações e toda a natureza que contorna seu corpo formando uma realidade infinita como mistura "daquilo que é desmedido e daquilo que é insignificante". Se tudo isso é a fonte de seu butō, pode-se considerar que o butō foi realizado muito antes de Hijikata se tornar dançarino.

Nos textos em torno de 1970, Hijikata ainda dançava em cena e já compartilhava essa pesquisa e a sua prática. Em textos como "Estudo da carne observada pela carne",

Nós herdamos de nossos ancestrais aquilo que entra no corpo e sai como o que faz chorar.

Ou ainda, em "O núcleo envelopado da doença", já tinha visivelmente outros temas além da provocação, da transgressão e da destruição. Olhar a carne é ser olhado pela carne. Dançar é ser dançado (se fazer dançar). Antes que eu me jogue no mundo, é o mundo que se joga em mim. Olhar é ser olhado. Não se sabe se Hijikata conhecia o famoso conceito de "quiasma" de Merleau-Ponty. Em todo caso, Hijikata tinha esse pensamento que consistia em revirar a posição do sujeito-objeto, de eu-outro, e reencontrar a vida no turbilhão da percepção que muda sem cessar de direção, sem dúvida de modo mais dinâmico que a inspiração fenomenológica. Falando do fato de ser visto pelas trevas da carne, ele desenvolve reflexões fortemente complexas. Em todo caso, critica sempre os tipos de pensamentos que consideram o corpo como material, instrumento e valor de uso.

As trevas do corpo, ele mesmo, têm um território santo no qual não há nenhuma oposição

Ele fala de um assassino-caçador-estuprador em série que é visto pela carne, aborrecido e "confuso sob a superfície da carne", de Nijinsky e da sua loucura como estado no qual o dançarino "teima contra a carne".

O mundo observado pela carne é certamente a carne na qual o mundo se lança, mas quando a carne se iguala ao mundo, uma certa errância possui a forma de um olhar maduro.[16]

Para Abe Sada, conhecida como castradora escandalosa,[17] Hijikata presta uma homenagem escrevendo:

16 Ibid., p. 220

17 Abe Sada [1905-c. 1970] tornou-se conhecida em 1936 por matar e emascular seu amante, com provável consentimento. Solta em 1941 graças a um indulto no aniversário de 2.600 anos da fundação da Dinastia do Filho do Sol por Jinmu Tennō, célebre durante o período fascita, ela se torna uma criminosa famosa, retratada em inúmeras publicações ligadas à estética *ero-guro nansensu*. Fora do Japão, ficou conhecida graças ao filme de Ōshima Nagisa de 1976, *Império dos sentidos* (*Ai no Korida*) que reconta sua história de forma romanceada. [N.T.]

196   Sua carne ignora a decadência.

Abe Sada é como uma carne diferente daquela de um assassino ou de um dançarino, que são observados pela carne, e sua carne observa Hijikata. Há também outros personagens que o fascinam, como Nijinsky:

> O corpo do senhor Nijinsky podia se confinar em seu próprio corpo, descobrindo-o como se fosse o corpo de uma criança. Quando nos damos conta daquilo que as pessoas não se dão conta nas condições conhecidas por todo mundo, a revolta da carne é inevitável.[18]

Sem dúvida, Hijikata fala da "revolta da carne", aqui, em um contexto um pouco diferente em relação ao de sua performance de 1968. A revolta não consiste mais em "ser visto" ou em "retornar à forma de carne". É o que Nijinsky também entendeu. Mesmo a loucura de Nijinsky se explica como prolongamento desse olhar da carne, de acordo com Hijikata; e em seu diário, um documento extraordinário sobre esquizofrenia, Hijikata descobre "a confissão de um corpo dançante".

De todo modo, em todos estes casos, de Nijinsky, do assassino em série e de Abe Sada, ele descobre a questão do ser "observado pela carne" e desenvolve a sua análise da carne de outro modo do que o fazem os especialistas da psiquiatria ou da psicologia criminal. Hijikata entra no núcleo do problema da carne e do corpo, mais ou menos filosoficamente, mas não com os termos conceituais usualmente sistematizados. As definições e as lógicas corriam o risco de ralentar e congelar seu pensamento. Com metáforas e saltos, cria prontamente imagens e também as descarta imediatamente. É preciso seguir a velocidade e a flexão, os saltos e fluxos, em resumo, a dança das palavras. Hijikata recusa a normatividade da leitura ao recusar aquilo que se determina e se fixa. É sem dúvida

18 Ibid., p. 221.

por isso que suas frases emitem sempre um novo sentido, cada vez que se abrem seus livros.

Ele fala não só das trevas da carne, mas também das feridas do corpo:

> Não é que o corpo mergulhou nas feridas do corpo, mas as feridas formam o corpo desde o início. A voz da carne na qual são enterradas as feridas infinitas são como os gritos da matéria envelopada de novo em um lenço.[19]

Certamente as trevas da carne não são feitas de uma obscuridade coerente e sem diferença, são trevas flutuantes infinitamente plenas de feridas.

Olhar é ao mesmo tempo ser olhado ou tornar possível ser visto por um outro olhar. No entanto, esse quiasma ou reviravolta do olhar vem de um pensamento topológico, mais do que daquele da fenomenologia. No texto *O núcleo envelopado da doença* (*Tsutsumareteiru byōshin*), Hijikata fala de um brinquedo tradicional de papel *Denguri*[20] e define sua estrutura como o estado no qual o que envelopa é envelopado:

> A respeito deste corpo, quando se descreve este brinquedo sob a forma de flor, no qual as pétalas desfolhadas envelopam o centro, como se envelopar fosse ser envelopado, o interior já é atingido pela doença [...] Na continuidade revertida pela qual as entranhas se tornam pele, e a pele se torna as entranhas, o retorno de todas as lembranças conserva nitidamente as formas da origem.[21]

Hijikata associa este estado topológico à doença, e explica que é o "núcleo da doença":

19 Ibid., p. 225.

20 *Denguri* é uma espécie de estrutura de colmeia ou bola de papel desdobrável estruturada em alvéolos. [N.T.]

21 Ibid., p. 245.

Bem que seria um estado de abertura a todas as entradas e saídas para o núcleo envelopado trêmulo da doença e as pétalas que este núcleo envelopa, não há nem entradas nem saídas.[22]

Hijikata fala em seguida do eu ("que é obscuro") e certamente do butō, determinando o corpo doente como original, como estado de gênese. Nós podemos nos lembrar da gênese de um organismo e, sobretudo, da invaginação que dobra os tecidos celulares por dentro. Hijikata não se refere à biologia e nem precisa fazê-lo. Mas é memorável que ele conceba uma topologia que considera a dança como imagem do pensamento, como estrutura que pode conectar o interior e o exterior, alternando-os.

> Os fenômenos que emergem de tais gestos e de tais movimentos devem aparecer como um tipo de ressurgimento que se faz de dentro de uma realidade dissolvida, acompanhando o eu interior de modo que o pensamento chegue ao corpo como se o pensamento fosse rapidamente conquistado e como se o corpo fosse ligado ao tempo para decifrar e se libertar rapidamente.[23]

Hijikata visa o tempo vivido como um espaço topológico que conecta o eu e o corpo, ou, dito de outra forma, "esse tempo intocável".

A eloquência insólita provocadora de Hijikata é, muitas vezes, uma performance intrigante e penosa, mas ele não poderia agir de outra maneira, tanto que permanece fiel a esse tempo intocável. Sobretudo, não poderia reduzir seus pensamentos ao esquema lógico, linear, espacial. O texto *O núcleo envelopado da doença* foi publicado no ano em que Hijikata começou a série de textos que vai desembocar na *Dançarina doente*. O que é impressionante neste texto é que a agressividade provocante e corajosa do primeiro período vanguardista se esfumaça. E é preciso dizer que a

22 Ibid.

23 Ibid., p. 247.

relação entre o dançarino e o corpo da criança (que ele também era) é
tal qual o envelopador: um estado que também é envelopado. Quando
estamos na cama,

> A cama como a última fortaleza que leva ao meu corpo a distância do
> passado faz o fim se tornar sempre o começo, mas o começo não alcança
> jamais o fim.[24]

Trata-se sempre do tempo, da relação "envelopador e envelopado", do
passado e do presente ou do começo e do fim. É bem conhecido que a
psicanálise (sobretudo lacaniana) introduziu um esquema topológico em
seu núcleo. Uma topologia à la Hijikata também é marcante, mas ela não
é simplesmente uma aplicação inteligente da invenção de uma geometria
moderna. Ela aparece sobretudo em uma percepção singular que olha as
trevas do corpo e se faz olhar por elas.

---

24 Ibid., p. 226.

6. *DANÇARINA DOENTE* OU OS SINTOMAS

1) Descoberta, ruptura, perseguição

Tem sido possível rever algumas partes filmadas de *Cores proibidas* (*Kinjiki*, 1959), *Massagista* (*Anma*, 1963) e *Dança colorida de rosa* (*Bara iro dansu*, 1965), que foram performances experimentais e happenings que dominaram a cena desse período. Sem dúvida, havia um certo sentido coreográfico que conduzia tanto dançarinos singulares, como Ōno Kazuo, Kasai Akira e Ishii Mitsutaka, quanto o conjunto de elementos cênicos. Mas a obra de Hijikata, em sua inteireza, não era rigorosamente construída como dança. Ela era mais uma experiência que colocava em questão as formas institucionalizadas de dança. *Revolta da carne* (*Nikutai no hanran*)é concebida como acerto de contas dessa série experimental que queria acabar com as danças importadas do Ocidente – uma performance como antidança, um rito sacrifical orgiástico, delirante.

Pode-se dizer que, no limite, Hijikata enfim descobriu ou inventou a sua própria dança e sobre ela se concentrou após o período de *Revolta da carne*. Em seguida, alguns anos depois de parar de se apresentar, iniciou uma outra pesquisa com a escrita de *Dançarina doente* (*Yameru Maihime*) e com seu trabalho coreográfico para a série de Kabuki do nordeste (*Tōhoku Kabuki Keikaku*). Essa mudança corresponde ao fato de Hijikata ter descoberto a fonte do butō em suas sensações de infância e de ter começado seriamente a deslocar o foco da sua pesquisa para sondar esta fonte, refazendo a sua dança a partir daí.

Ouso dizer que Hijikata descobre enfim sua dança e, imediatamente após essa descoberta, para de dançar e começa a se fechar em pesquisas de outra ordem. Hijikata se explica, diz que, ao começar a coreografar para o grupo Hakutōbō, passa a ter dificuldade para dançar ele mesmo:

Se perde tudo como dançarino quando se trabalha com outros corpos durante dois anos e meio. [...] Eu preciso estar morto para que as formas se instalem nas dançarinas.[1]

Como é um trabalho que encara todas as sensações do butō para inscrevê-las como signos, não é suficiente ensinar unilateralmente.[2]

Hijikata se impõe um longo e difícil projeto para aprofundar ainda mais a sua pesquisa em dança. Até *Revolta da carne*, em todas as obras experimentais que se poderiam qualificar como antidança, Hijikata nunca deixou verdadeiramente de lado a dança e, mesmo em *Cores proibidas* – performance na qual mal se poderia identificar uma dança –, o sentido artístico intenso e denso de Hijikata estava evidentemente presente em cada elemento cênico.

Mas, ao que parece, a obra de dança concebida em todos os detalhes de gestos e de corpo será enfim concretizada apenas na última longa série para a qual Hijikata performará ele mesmo: *27 noites para as quatro estações* (*Shiki no tame no niju-nana ban*) e, em seguida, na série de danças para o grupo Hakutōbō.

Como já dito, Gōda Nario interpretou esse processo de Hijikata como um caminho de aperfeiçoamento da técnica de butō. Segundo ele, o butō dos anos 1960, ao acentuar "a subjetividade" do corpo, conseguiu chamar atenção para o novo território, ou seja, do corpo tal e qual. Hijikata foi certamente pioneiro nesse avanço. Mas de acordo com Gōda:

Por outro lado, esta abertura do corpo foi seu devir ele-mesmo, o objetivo e o aparato de delitos através do qual pode-se cair em expressões extremamente subjetivas e tendências que buscam bizarrices em vão.[3]

1 *Obras completas* (*Zenshū*), t. 2. Tōkyō: Kawade Shobō Shinsha, 2005, p. 201 p. 84.

2 Ibid., p. 87.

3 "Os doze verbos do butō" (*Butō no dôshi 12*) in *Gendaishi Techō*, maio de 1985, p. 95.

Nós vimos também que Gōda tinha ressalvas acerca de *Revolta da carne*, baseando-se mais ou menos sob o mesmo ponto de vista. É claro que a técnica da qual fala Gōda não concerne somente à capacidade corporal dos gestos e movimentos, que todos os gêneros de dança clássica demandaram. Trata-se de uma técnica desmedida que Gōda chamou de "técnica para os mortos". Segundo ele,

> Hijikata Tatsumi se voltou ao corpo como a feixes de memórias. Ele deixou provisoriamente de lado os argumentos sobre o corpo do butō e tentou reconstituir um corpo individual através de memórias. Naturalmente, recuperou seu próprio passado, mas ao fazer isso viu pessoas, animais, objetos, fenômenos com os quais tinha crescido. E chegou a pensar que sua dança devia se incumbir de fazer ressurgir tudo isso. Em outras palavras, decidiu se livrar de si mesmo.[4]

De acordo com Gōda, essa técnica tinha como finalidade se comunicar com as memórias incontáveis dos mortos que envolveram a infância de Hijikata. Não tinha relação com as técnicas antigas e novas, de todas as danças clássicas ou modernas. Ela não se situa na mesma dimensão.

Mas o que aconteceu depois da *Revolta da carne*? Que mudança profunda ocorreu para que ele se concentrasse apenas na coreografia e parasse de dançar, ele mesmo, em cena? A mudança foi considerável, por isso Gōda a exprimiu assim:

> decidiu se livrar de si mesmo.

Eu não vou mais retomar a questão "vanguarda ou tecnicidade". Com certeza, Hijikata tinha mudado. Para refletir, vou retomar as reações de alguns espectadores de *27 noites para quatro estações*. Ichikawa Miyabi, por

---

4 Ibid., p. 96.

exemplo, explicou essa mudança como um "retorno". O "retorno" não queria dizer uma pesquisa de raízes ou de identidade:

> Quanto mais o homem se separa da terra, mais fortemente ele começa a sentir os traços de sua terra gravados em seu corpo e a ela retorna. E ele se dá conta da razão fundamental pela qual esta terra enfeitiçou sua carne. Quando Hijikata se inspira em Genet e Lautréamont, ele se situa no ponto extremo da arte moderna. Podemos indagar por que mudou de rumo e fez um retorno à pré-modernidade. Mas Genet e Lautréamont, mesmo sendo modernos, inventaram uma literatura fortemente ligada à carne. A carne era a sua preocupação. Hijikata, inspirado pelos dois, se deu conta da necessidade de destacar a carne de modo a torná-la relevante. A distância entre a literatura e Akita parece enorme, mas do ponto de vista da presença da carne, elas se avizinham.[5]

Menos interessado na questão da tecnicidade, Ichikawa vê a essência da pesquisa para o Kabuki do nordeste no aprofundamento da carne em direção à terra que constituiu Hijikata. Essa descida era a continuação de uma pesquisa da carne. Essa terra e essa carne eram, sem dúvida, aquilo que era desconhecido ou reinventado por Hijikata. Ichikawa afirma que assim, Hijikata triturou o dançarino de modo a devir uma "personalidade unificada". Ele acrescenta ainda:

> O que contava para ele eram os detalhes e as expressões da carne, ele não se interessava pela carne que não estava se esvaindo, deformada. Precisamos da carne que serve à imaginação e se a carne é invadida neste mundo pela crueldade, a doença, o trabalho, a sexualidade, ela carrega uma expressão cruel e cria um espaço imaginário que ultrapassa o domínio da imaginação.[6]

5 *Hangi-daitōkan, 27 noites para as quatro estações*, arquivos Hijikata Tatsumi. Tōkyō: Keiō University Art center, 1998, p. 53.

6 Ibid., p. 55.

Ichikawa repete as palavras "imaginação", "imaginário", que querem dizer, sem dúvida, muitas coisas. Naturalmente, as reações dos espectadores eram variadas e se opunham. Gunji Masakatsu, crítico de Kabuki, comentou:

> Se definimos o Kabuki como a efervescência no útero japonês, isso é tudo que o Kabuki de nossos dias abandonou, a saber: as acumulações de retalhos da carne, as pilhas de ossadas e os fantasmas, eu suponho.[7] Assim, *A história da varíola* (*Hōsōtan*) pode ser considerada como aquilo que cruza a fonte da arte, da dança e da música no Japão.

No filme Hōsōtan, que é a primeira obra da série *27 noites para as quatro estações*, a dança é composta por três solos de Hijikata, danças coletivas e duos de outros dançarinos. Na dança de Hijikata, a postura das costas curvadas e as pernas dobradas são dominantes. A coreografia para os outros dançarinos adota o mesmo princípio. Para a música, encontramos cantos folclóricos de músicos cegos (*goze*) acompanhados do *shamisen* ou de Gidayū, mas também uma parte de valsa de Johann Strauss e um "Baïlèro" (canto de pastores de Haute-Auvergne). Na própria dança, os gestos ocidentais estão pouco presentes e desenvolvem-se os movimentos descontínuos angulosos do corpo curvado. Sobretudo na segunda parte do solo "Baïlèro", Hijikata dança, agacha e alonga. O corpo se afunda e flutua e os membros tremem. É um corpo ossudo, vestido de camadas de algodão, que dança lentamente os últimos sobressaltos de uma vida esgotada em vias de se desvanescer. Sobressaltos que parecem daquele recém-nascido. Esta dança vaga pelos seus limites, entre a gênese e o fim da vida.

Há uma cena para um grupo de dançarinos que aparecem apenas de perfil, os braços estendidos para frente, em uma postura que evoca

---

7 Ibid., p. 41.

L'Après-midi d'un faune, de Nijinsky. Mas também há movimentos de galinhas que são frequentemente citados por Hijikata como uma lembrança da infância. A maior parte dos movimentos são determinados como aqueles das marionetes, excluindo os gestos que são naturais e orgânicos. As músicas ocidentais e japonesas se alternam com sons eletrônicos da composição de Satō Yasukazu (Yas Kaz), que são agenciados de uma tal maneira que a continuidade orgânica se rompe. Enquanto essa obra exprime uma espécie de "retorno" à terra de Tōhoku e pesquisa o mundo da infância, a composição é cheia de falhas e descontinuidades que são, sem dúvida, essenciais para a obra. Ele deixa de ser vanguardista e orgiástico, alimentando características de obra contemporânea.

Alix de Morant, que analisou a performance filmada, chama a atenção para a mudança incessante da postura de Hijikata:

> As mudanças imperceptíveis de postura são mascaradas por uma tenacidade gestual que o espectador percebe como ralentada, mas de fato é muito rápida. De um eixo a outro, sentado, de cócoras, de quatro, Hijikata migra sem parar de uma posição à outra com agilidade. A inaptidão de seu movimento se dá pelo fato de pesquisar esses pontos de apoio inabituais que fazem deste corpo uma sequência de pontos de parada e linhas desfeitas.[8]

Não é certeza que o movimento de Hijikata pareça "mal feito" para todos os espectadores. Pode-se imaginar uma dança quase fractal, mais que barroca. Entre as características observadas, há impressões que exprimem algum tipo de reserva ou crítica. Por exemplo, Kobayashi Masayoshi pergunta se acaso

> Hijikata continua vinculado às trevas interiores ou se as perfura para ir além,

---

8 Alix de Morant, "Hōsōtan sixième tableau, en écho à 'L'Après-midi d'un faune'" in *Butō(s)*. Paris: CNRS éditions, 2002, p. 274.

para vascdhar seriamente "as trevas da carne", a qual ele chega a exprimir fielmente através do movimento de seu próprio corpo.[9]

"Eu fiquei muito emocionado, mas experimentei um grande desconforto", diz o poeta Suzuki Shiroyasu, exprimindo uma impressão muito ambivalente.

A distância entre as velhas mulheres fantasmáticas (que as dançarinas representam) e nós, espectadores comovidos, me desesperou completamente. Eu não queria mais encurtar esta distância, seria uma sensação inumana. Eu queria somente romper com as velhas fantasmáticas, com Hijikata, que as colocou em cena, e comigo mesmo, que fiquei emocionado ao vê-las.[10]

Suzuki não explica, em detalhes, a razão dessa ambivalência. Ele diz que o corpo de cada dançarino e dançarina não é livre, criticando "a ditadura da expressão" imposta por Hijikata e criticando também a arte de Hijikata como resistência, observando que havia sido nos últimos tempos abordada pelas instituições e pela imprensa.

No contexto de minha reflexão, não sei integrar bem estas reservas e suas críticas, mas não podemos ficar indiferentes a tudo isso. Também não sei se Hijikata se colocou as mesmas questões sobre sua própria obra. Mas para ele, que havia parado de dançar e se concentrava na coreografia e na escritura de *Dançarina doente*, essas duas experiências criavam uma dança, que se traduzia em um estado de crise, na instabilidade. Ele estava em uma corda bamba entre questões difíceis que lhe eram colocadas. Ele tinha o projeto de recomeçar as representações com sua própria dança de forma muito prudente e cética, mas, por conta da sua doença, não conseguirá realizar nada disso. Esse aspecto prudente que foi emergindo representou uma parte importante na sua criação.

9 *Hangi-daitōkan* op. cit., p. 46.

10 Suzuki Shiroyasu, "Impresssão estremamente pessoal" (*Gokushiteki Kansō*) in ibid., p. 44.

Toda a preciosa cena de *A história da varíola*, filmada por Ōuchida Keiya, nos faz lembrar muitas coisas e nos permite rever detalhes que poderiam permanecer invisíveis não fosse este filme. Entretanto, é preciso imaginar que essa cena é jogada em um tempo irreversível de uma época, depois de todo tipo de experiências tumultuadas vistas pelo olhar de espectadores que ainda tinham a memória fresca do suicídio de Mishima e das ações desastrosas do Exército Vermelho japonês. A performance de *A história da varíola* se situa nesse contexto quente e iminente.

Dançarinas em *A história da varíola*, Ashikawa Yōko no primeiro plano, 1972 © Onozuka Makoto, cortesia Keiō Daigaku Art Center.

2) As mônadas do butō

Veja bem. Este verme vive bem sem respirar. Você vê, esse pequeno animal desaparecido, esmagado, anda em nossa direção. Este animal está, de alguma forma, fazendo uma metempsicose.[11]

Dançarina doente começa com um enunciado entre aspas, mas não se sabe quem o diz. O "pequeno animal desaparecido" está vivo, em processo de metamorfose, em estado de morte provisória, em apneia. Esse começo apresenta imediatamente um horizonte no qual a vida e a morte se misturam e se avizinham. Eu me lembro do título de uma obra poética do jovem Artaud, *O umbigo dos limbos*, o umbigo da morte ou ainda a "larva teatral do meu pensamento", em um dos seus últimos cadernos. É um lugar intolerável, conhecido de Hijikata. Mas, para Hijikata, se ele se afastasse daí, não haveria mais razão para fazer qualquer coisa.

Eu me levantei de modo a escurecer o corpo, partilhando as observações como se fosse instruído.[12]

Não sou eu que observo, mas sempre os outros, e esses outros nada podem além de compartilhar aquilo que é observado por outros. Então essa "maneira de sombrear o corpo" não é mais aquela que realiza o movimento voluntariamente, metodicamente. Se há um método, é aquele partilhado pela observação, fundido na observação e adquirido pelo que é instruído, observado, partilhado. A "maneira de sombrear o corpo" é duplicada, dobrada, e o eu emerge dessa maneira.

Seja qual for a frase que se pega, cada uma forma uma mônada, que inclui e condensa a totalidade do mundo e do pensamento que o livro

11 *Obras completas* op. cit., t. I, p. II.

12 Ibid.

apresenta. Essas mônadas não serão jamais desenvolvidas em um plano visível e apresentam mosaicos de detalhes que exprimem camadas e frases colocadas aos pedaços. Os mosaicos não têm contornos discerníveis como um mineral, mas sempre um contorno esfumaçado. Os mosaicos se encaixam entre eles, proliferando duplos. O corpo que enfumaça e é enfumaçado dobra-se para dentro das observações. Aquilo que se partilha e depois se eleva dobra-se de novo.

> Porque, sem dúvida, o encolhimento e a delicadeza dos velhos que se dão conta da inutilidade do corpo vagam em torno de mim.[13]

Hijikata Tatsumi em *A história da varíola*, 1972 © Onozuka Makoto, cortesia Keiō Daigaku Art Center.

13 Ibid.

Cena de *A história da varíola* com Ashikawa Yōko e Waguri Yukio, 1972 © Onozuka Makoto, cortesia Keiō Daigaku Art Center.

Por "inutilidade do corpo", será preciso lembrar o que Hijikata disse:

> O uso inútil do corpo que chamo de dança é o inimigo mais odioso e um tabu para a sociedade da produtividade.[14]

Ele situa "a inutilidade" mais agressivamente, em um contexto revolucionário. Agora, "a inutilidade do corpo" está no corpo esgotado, frágil, flutuante como o ar e se constitui como uma das temáticas mais fundamentais para a pesquisa de Hijikata.

Minha criança sem querer se torna uma idiota, conservando uma claridade estranha, como se tivesse simplesmente vivido a sua vida. "Eu fui alguma vez esta criança". Dizer isso parece exprimir, ao mesmo tempo, a intimidade e a distância entre ele e a criança. Em *Dançarina doente*, o personagem principal é com certeza a criança e o narrador visto por ela, que não cessa de descobri-la. Ele nunca será idêntico a esta criança, e a lembrança jamais será perfeita. As lembranças estranhamente precisas continuam, mas é a "minha criança" que as reinventa. O narrador deseja escavar e ampliar o mundo da "minha criança", desvanecendo os contornos do adulto que ele é.

Mas por que o dançarino de butō que fala sempre da carne e das trevas da carne começa a dizer agora: essa criança "conservava uma claridade estranha como se tivesse simplesmente vivido a vida?" O que eram trevas para o adulto seria claridade para a criança? É claro que as sombras aparecem por todo lado, os buracos negros, as trevas e obscuridades. O que são as trevas para o adulto é, ao menos para a criança, a alternância incessante entre luz e trevas. Para essa criança, que olha as coisas como se os olhos fossem removíveis, a diferença entre visível e invisível não é determinante. A luz e a escuridão estão fora da vista, por isso "minha criança" percebe antes o mundo como se a escuridão fosse luminosa.

14 Ibid., p. 198.

212 Apesar de tudo, o olhar se vira para o que é questionável ou maldito. Estou excessivamente curioso acerca de faróis, fios. Eu me dizia que eles pareciam repousar. Eu os seguia como um espião.[15]

Os objetos e instrumentos (marmita, jarro, faca, tigela, varetas para comer, bengala, espelho, futon, mosquiteiro, cinto, algodão...) e todos os animais olham sempre para aquela criança que pode brincar e observar sem expectativa ou finalidade. Desde o começo do livro, Hijikata se introduz através de algumas frases em um espaço topológico emaranhado. Essa estrutura está sempre presente, criada por essa torção, pela continuidade e pela descontinuidade, por uma distância e um tempo difícil de determinar. Sem parar, o narrador e a criança se substituem um ao outro. A separação e a fusão se produzem e os processos, eles mesmos, continuam a desenhar os ritmos e as figuras da dança. A dança é descoberta não somente nos estados, nos movimentos, nos gestos de animais, de objetos, de homens, naqueles da natureza, mas também nessa estrutura ou nesse espaço topológico, na reviravolta, no deslocamento, na vibração, nos intervalos. Os materiais e os temas necessários para a dança são naturalmente infinitos.

A vida e a morte, a gênese a metempsicose, a estrutura topológica das percepções que são implicadas nas "observações", a virtualidade infinita do corpo "inútil", a alternância bizarra entre claridade e obscuridade, a reviravolta incessante pela qual as coisas são vistas pela criança que as observa e o fato de que dançar é se fazer dançar; todos esses elementos são repetidos nesse livro. E essa estrutura não tem nem começo nem fim, nem desenvolvimento. Se exigimos um desenrolar narrativo ou uma reflexão ou argumento ordenado, seremos inevitavelmente traídos.

"Minha criança" não cresce, ela não crescerá. Ele permanece criança e, por não crescer, já é adulto. Assim, minha criança...

15 Ibid., p. 11.

sem desejar nada, torna-se idiota, conservava uma claridade estranha como se tivesse simplesmente vivido a vida.

Ele se tornou um ser estranho que não era mais criança nem adulto, recusando o crescimento, continuando a pesquisa e o jogo que se repetia incessantemente. De fato, Hijikata inventou uma arte singular da repetição. Ele não se parece com Beckett, Eric Satie, John Cage, Philip Glass, Andy Warhol ou com os inventores da repetição filosófica, como Kierkegaard, Nietzsche, Freud, Deleuze. Hijikata ocupa um lugar singular na genealogia da arte da repetição.

> Sondando a obscuridade de uma faca enferrujada na cozinha durante a estação de chuvas, eu fazia exercícios sérios sobre a maneira de enxugar as lágrimas. O corpo estando impregnado por qualquer coisa de monótona e inquietante… eu queria cobri-lo com uma bruma e buscar uma possibilidade de falsificar as coisas.[16]

Nesta passagem, "minha criança" faz exercícios bizarros e, ao falsificar as coisas, torna-se aquele que estuda uma dança e uma prática. Isso não quer dizer que a criança foi prematuramente um dançarino talentoso. A criança que falsifica é aquela que é falsificada. Essa dupla estrutura pertence menos à lembrança do que ao processo de pesquisa e a uma experimentação que repete um compartilhamento incessante ("ao compartilhar as observações").

Hijikata enumera infinitamente os encontros com as coisas e os eventos ínfimos que contornam o corpo da criança e os encontros que se desenvolvem em um espaço topológico, apresentado desde o começo. Dito de outra forma, as palavras de Hijikata tecem progressivamente esse espaço e o tornam mais e mais perceptível. A frase "o núcleo envelopado da doença" demonstra precisamente o projeto e o método de *Dançarina doente*.

16 Ibid., p. 11.

Os fenômenos que emergem de tais gestos e de tais movimentos devem aparecer como um tipo de ressurgimento que se faz de dentro de uma realidade fundida com o eu interior, de sorte que o pensamento chega ao corpo como se tivesse sido rapidamente conquistado e o corpo ligado ao tempo para decifrá-lo de modo que, em seguida, possa ser rapidamente desatado.[17]

Hijikata, em *Dançarina doente*, persegue uma leitura sem fim através do corpo da criança. Esse tempo de leitura está ligado ao corpo e aí é desatado. Esse tempo é atado e desatado entre a realidade do corpo e o ato da leitura. Hijikata concebe os gestos da dança como a alternância desse tempo entre a ligação e o desligamento. É isso que parece essencial para a escrita de *Dançarina doente*.

O tempo de decifrar o que vem como destroços sobre o corpo lhe mantinha ligado, e ele se encontrava desligado. [...] Eu estava possuído pelos signos intermitentes através dos quais meu corpo fazia como se me simulasse ao se sobrepor a mim.[18]

Passagens de *Dançarina doente* repetem essa inspiração.

3) Se bem que não se pode saber claramente a causa da obscuridade

Um dia, uma mulher que estava colocando um kimono e se levantou do tatami com um barbante entre os dentes. Depois, com um rosto assustador, ela passou a mão nas costas, na cintura e me encarou fixo com olhar desafiador.[19]

---

17 Ibid., p. 247.
18 Ibid., pp. 40-41.
19 Ibid., p. 13.

Dançarina doente compreende uma tal cena de dança.

> O corpo retorna sempre ao corpo, como se tivesse saído. O rosto estava sempre aberto (para ver), mas como se fosse cego. Antes de tropeçar e de cair enquanto caminhava, meu corpo estava sem intermediário, sem iniciativa, como se tivesse se tornado simplesmente uma flor.[20]

Há sempre descrições quase abstratas sobre os estados do corpo de uma criança que ultrapassam a dimensão visual e abrem amplamente os sentidos. "Minha criança" guarda essa dimensão abstrata enquanto ela é assim expressa:

> Ele se habituou a viver em um lugar abstrato onde os sentimentos se transformam em sombras miseráveis.

Os eventos do corpo são como o vento, os fluídos, a fumaça, a bruma, o nevoeiro, a névoa, o vapor. A fluidez se conserva através do vazio, um buraco, uma caverna. Este buraco é um "lugar abstrato".

> Bem que eu me sentia agitado ao me contorcer, aguardando a expansão do buraco que corroía o interior do corpo que me abatia. [...] Havia em toda parte um ar de experimentação em meu corpo magro. Cada coisa era desmascarada, e um buraco se produzia. Uma certa coisa parecia destinada a morrer envelopada por este buraco.[21]

> Será que eu me mexeria indefinidamente tal qual um ser sem ossos que perseguia um estado de esburacamento?[22]

20 Ibid., p. 14.
21 Ibid., p. 17.
22 Ibid., p. 23.

Esta abstração era, ao mesmo tempo, um perigo mortal e também aquilo que fazia manter o fluxo. E o corpo, entre o dentro de mim e o fora de mim, podia me constituir no interior e no exterior do corpo, pois o corpo existe no interior e no exterior de mim.

> No meu corpo, havia coisas que caiam infinitamente, então eu deixei meu corpo e comecei a correr para submergir meu medo.[23]

> Saía do interior do meu corpo uma coisa como uma falésia que se instalou sobre o solo como uma sombra imensa. Eu andava sob esta falésia em ziguezague deslizando.[24]

> Um outro corpo está saindo do meu corpo, subitamente, como uma escritura brutal.[25]

Eu me lembro do retrato de Van Gogh que anda sob uma encosta vermelha pintada por Francis Bacon. Há sempre uma topologia à la Hijikata que dobra, se desdobra e redobra o interior e exterior do corpo. Mas ela não permite um deslizamento liso como sob a fita de Möbius. É também uma experiência, uma sensação catastrófica que inverte a ordem do eu e do corpo e que pode lhe defasar.

> "Minha criança" brinca com um espelho fora de casa.

> Eu peguei furtivamente um grande espelho de casa e o coloquei na água, em um jarro no jardim, para apaziguá-lo e para o espelho mergulhar e subir lentamente. O rosto derretido ou esmagado aparece sem explicação no

---

23 Ibid., p. 35.
24 Ibid., p. 54.
25 Ibid., p. 60.

reflexo do espelho. Eu o observo sem problema, tentando captar os sentidos do corpo flutuante, e rio do rosto e do céu, que aparecem no espelho com uma voz rouca.[26]

Esse uso não tem a ver com "o estágio do espelho", que explica como a criança conquista a autonomia de seu próprio corpo. É apenas uma experimentação que coloca o espelho no mundo, o mundo no espelho, e, nessa reviravolta, faz descobrir o corpo decomposto e composto com suas figuras deformadas. O pensamento do interior e do exterior de uma câmara secreta, não raramente, aparece nos manuscritos de Hijikata e indica, com a topologia representada por um brinquedo de papel (*denguri*), a estrutura fundamental do mundo em *Dançarina doente*.

Para ficar no exterior de uma câmara secreta estando ao mesmo tempo no seu interior, nós tentamos fazer como se estivéssemos no momento da gênese da câmara secreta. Introduzindo o túnel do tempo, poderíamos perfurar o espaço.

Em resumo, essa topologia tem a forma do tempo (o túnel do tempo). Mesmo que o espaço seja descontínuo entre interior e exterior, o tempo pode reportar uma continuidade. Nós estamos próximos do fim do livro (capítulo 12). Aí se mostra um teatro ou se desenrola um drama do vapor como prolongamento do jogo do espelho.

Através do vapor que se estende para baixo, o cérebro se cola a qualquer coisa, como um destino envelhecido, a criança vestida chega à superfície da água quente e branca.[27]

26 Ibid., p. 48.
27 Ibid., p. 136.

É claro que no vapor tudo perde seu contorno, as imagens aparecem continuamente, esvanecem e desaparecem. A criança nada faz a não ser olhar o vapor que sai da marmita e brincar virando a água para baixo – como ela se divertia com o espelho no jardim. A criança observava o teatro do vapor, como se as paisagens que ela havia visto antes tivessem retornado.

> No momento em que água é derramada, o interior da marmita muda totalmente. O vapor opaco escoa rapidamente sob a superfície da água e de repente um vapor branco se espalha, como se soltasse penas para todo lado, subindo todo empenado. Um nevoeiro como uma gonorreia perfurada abre-se em um devir vapor. Por fim, ele retrocede se desintegrando vagamente...[28]

"Vagamente" significa, aqui, algo positivo. É como se aquele que dança visível e invisivelmente nesse teatro fosse um duplo de *Dançarina doente*. Ele é naturalmente doente, um corpo doente...

> O fundo da marmita se agita, a superfície de água transborda. No turbilhão entre os dois, toda doença flutua e escorre com pálidos edemas. Ao retornar do turbilhão, se transforma em uma água fantasmagórica, sutil e desmedida, furiosa, colocando ovos na água quente, ativando as espumas excluídas e formando subitamente um anel. Uma névoa se projeta para cima e logo retorna. Agora, no fundo da água quente e agitada, é difícil se acalmar. O gorila transparente[29] que diluiu as espumas segura um guarda-chuva negro.[30]

28 Ibid., p. 137.

29 A imagem do gorila com guarda-chuva se refere à obra de Francis Bacon, *Painting 1946*. [N.T.]

30 Ibid.

O mundo do "pequeno animal enfumaçado" e "a maneira de assombrar o corpo" chegam a este teatro, libertados, intensificados e muito acelerados. Hijikata parece se obrigar a mudar o ritmo e a velocidade, a composição e a voz.

Em *Dançarina doente*, há poucas presenças masculinas, como o título já indica. Mas as figuras dos homens, que aparecem fugidiamente, sugerem imagens impressionantes. Por exemplo, a história do "homem arco-íris":

> Surge um homem detestado por sua vizinhança, seus olhos eram atravessados por um estranho arco-íris, como um pássaro grávido no inverno. Era um tipo lamentável daqueles para o qual se costuma apontar o dedo na rua.

Então, as pessoas diziam à criança:

> Se você se aproximar dele, será um zé ninguém como ele

Mesmo assim, a criança quer se tornar íntima desse homem. E ela se torna o seu duplo, a tal ponto que se dizia:

> De fato, você se parece com ele da cabeça aos pés.[31]

Ou se vê ainda um homem que "carrega o vento em seu peito por engano" e que as pessoas costumam chamar de "homem do vento". Não sabemos se ele é o mesmo homem arco-íris, o qual, a esta altura, não sabemos mais se seria um dos seus ou, ao menos, alguém próximo.

> A atmosfera de um espantalho atingido por uma inundação reside no corpo encharcado desse homem.

---

31 Ibid., p. 121.

Hijikata persegue infinitamente a pesquisa desse mundo onde sobretudo as sombras seguem errantes, as fontes (do rosto) e os detalhes sobre as crianças, assim como as mulheres próximas, sem contorno, misturadas às almas mortas. Mas sua escritura parece, enfim, tentar ir além de apenas fixar algumas imagens pessoais.

Nos últimos capítulos (13 e 14), aparecem duas silhuetas de mulheres, uma com manto negro e outra com manto branco, que seriam duplos uma da outra. Elas falam, cantam e dançam. Para o leitor que seguiu até aqui a repetição infinita do jogo, da pesquisa, da observação, da descoberta, da reflexão, através da "minha criança", é um resultado inesperado e até um pouco ofensivo. No capítulo 11, vimos os perfis de um ou dois homens. No capítulo 12, depois da descrição viva do teatro de vapor desencadeado, Hijikata fecha o livro, como se precisasse literalmente da voz e da carne dos outros com canto e dança.

É certo que a mudança não é tão fundamental. Imagens sucessivas continuam num plano geral, turbulento e sem direção. A "narração" segue sem deixar saber onde e quando os pequenos eventos serão produzidos. A mulher com manto negro será a mãe da "minha criança". Não se sabe mais por que elas seguem errantes na neve, sobre esta terra deserta. Mas a maior parte das passagens são compostas por um diálogo entre as duas mulheres e uma mudança de canto ritmado por versos tradicionais em sete e cinco sílabas (às vezes oito e cinco). Reproduzo, aqui, a última passagem:

Se escuta o canto da Manto negro com uma voz intermitente, forte e firme.
Oscilante, o esforço excepcional do ano que passou
sobrevive a isso e lá
Sobrevivendo sem comer nada
agora engole com a boca de uma carpa
Não se pode saber com clareza por causa da obscuridade
Não se pode conhecer os detalhes
A vida de uma larva atordoada

Estou fadado a lhe consagrar
Sobrevivendo mil anos, dois mil anos
Eu me arranco do sono amassado
A mistura com o sol matinal
desenha um pássaro com a urina impura
O pássaro desenhado é apenas colorido
Agora o pássaro nada mais é que uma cor

A Manto branco inala silenciosamente a história da Manto negro que apareceu carregando uma flor de latão e uma pasta açucarada muito consistente na mão azul violeta inflamada. A Manto branco não mais se perguntou onde foi parar a outra. Sob um céu perverso, inqualificável, ela se refletia no corte da pasta. E depois, já não se via o interstício entre as duas, as duas que respiravam uma à outro, a boca fechada bem serrada foi se tornando azulada.

As palavras que fraquejam, saltam, penetram e observam através das dobras das coisas e dos corpos, decompondo as impressões nas quais são também observadas. As palavras que perseguem essa pesquisa extraordinária são aqui ralentadas, ternamente relaxadas e fundem-se ao final. É uma paisagem de morte, um canto de luto, o que não é incompatível com a pesquisa interminável de *Dançarina doente*. Aqui, também a gênese e a morte se avizinham, alternadamente, fazendo surgir uma zona indiscernível.

Mas, ao mesmo tempo, Hijikata parece buscar uma questão nesta pesquisa incrível. Em seguida a esse "monólogo" extraordinário que tem vozes de duplos infinitos, vagando em um mundo onde tudo se cruza com tudo – matérias, objetos, instrumentos, animais, fantasmas, casas, fenômenos naturais –, é como se Hijikata quisesse se abrir a uma outra voz, uma outra dança, uma nova ópera.

Depois da pesquisa da série Kabuki do nordeste, aqui se desenham, sem dúvida, uma nova expressão e seus sintomas.

Cito de novo:

> Eu fui possuído por signos intermitentes através dos quais meu corpo fazia como se me simulasse ao se sobrepor a mim.[32]

> Um outro corpo está saindo do meu corpo, subitamente, como uma escritura brutal.[33]

Essas frases nos atingem diretamente. Não importa quantas vezes já li, alguma coisa sempre emerge dessa página e me faz recomeçar. O livro continua vivo e o leitor encontrará sempre uma fonte desconhecida, um movimento imperceptível que se torna perceptível, um corpo desconhecido, como se o livro não parasse de criar novos agenciamentos e organizações. Na realidade, há labirintos de sentidos e imagens nas diferentes camadas de palavras entremeadas, e cada vez lemos algo novo e com uma ligeira mudança de ponto de vista, de disposição ou mesmo de humor da parte do leitor; os labirintos são despejados e uma imagem nova ou um sentido novo podem surgir.

O butō de Hijikata também foi concebido dessa maneira e era esperado que fosse visto assim. O tempo dessa dança, ela mesma, nunca acontece duas vezes. Não retornar é também a essência da vida do butō.

> O que vejo é certamente um cavalo ou uma vaca, mas é um buraco negro no qual entro e me torno invisível.
>
> Coisas diversas retornaram e aí produziram vazios, mas eu descobri um sorriso imperceptível que dava conta do fato de que o que havia nos vazios iria morrer.[34]

---

32 Ibid., p. 41.

33 Ibid., p. 60.

34 Ibid., p. 20-21.

Dançarina doente é, assim, ao mesmo tempo um livro de dança e um livro de morte.

Gostarias de agarrar os ecos depois de estar divertidamente morto?[35]

Morrerás necessariamente.[36]

Os adultos parecem levar a morte em banho-maria.[37]

"Minha criança" olha sempre a paisagem depois da morte dizendo: "mesmo depois da minha morte…".[38] Certamente para o adulto Hijikata, o mundo dessa criança já está morto, e a criança vive seu mundo, vivendo sobreposta àquele que já está morto. Há uma dimensão de mortes, estranhamente claras e íntimas, e uma luz que vem. Em torno da criança, as pessoas não param de morrer. Há a imagem da criança morta introduzida em um caixão. Mesmo à luz do dia, há almas errantes. Os dançarinos e as dançarinas são frequentemente mortos, a dança está sempre atravessada pela luz da morte. Dançar é reencontrar os mortos, o si-mesmo depois da morte, dançar como um morto, dançar para retornar da morte. Mas como é impossível se identificar completamente com um morto, é preciso dançar a distância entre si-mesmo e a morte. Era totalmente necessário que esse livro de dança fosse também aquele da morte.

35 Ibid., p. 26.
36 Ibid., p. 42.
37 Ibid., p. 45.
38 Ibid., p. 104.

Coelho na jaula, um dos animais levados por
Hijikata ao Asubesuto-kan, 1985
© Tatsuruhama Yōichirō.

7. NOTAS PARA UMA TEORIA DA DANÇA

1) O que pode simbolizar uma dança?

Tentei interpretar os textos de Hijikata, *Dançarina doente* (*Yameru Maihime*) entre outros, enfrentando o baluarte de suas expressões muitas vezes difíceis. O desafio desta leitura foi costurar o cerne desse livro, que exprime aquilo que é essencial, ultrapassando um gênero de dança. É claro que este livro diz respeito a uma dança e a uma abordagem original de dança, mas também é igualmente possível lê-lo como uma obra literária extraordinária ou concebê-lo, ao mesmo tempo, como linguagem da dança e dança se fazendo linguagem. Fazer um vai e vem entre as duas leituras, ou fazer, ao mesmo tempo, as duas leituras.

Não quero ser um crítico de dança, já que nem todas as danças me interessam – na verdade, há poucas danças que perturbam minhas palavras e meu pensamento. Mas, certamente, precisei da dança para escrever, para continuar a escrever. Quer dizer, eu tinha vontade de receber a dança no cerne das minhas ações da linguagem e de transformar a minha própria linguagem através da sua emoção, porque um dançarino parece sondar este mundo através da carne e do movimento. Perceber e transformar, dançando, uma forma espaço-temporal. Hijikata me parece excepcional na medida em que cria uma dança profundamente ligada à sua prática da palavra e da escrita.

Para falar de dança em geral, a dança experimental e aventureira de Hijikata, praticada como pesquisa existencial, é com certeza particularmente excepcional. Gestos simples do corpo que busca se divertir, a dança nas festas ou ritos, as danças tradicionais em que os movimentos são por vezes absolutamente sofisticados, as danças "artísticas" contemporâneas que conhecem variedades e novidades extraordinárias, como tudo que se criou em todos os domínios da arte... Todas essas danças devem, apesar de tudo, partilhar algo. Eu não posso espalhar um pensamento teórico sobre dança até chegar a uma estética ou a uma antropologia da dança, mas uma vez que eu tenha refletido sobre a possibilidade de uma dança para a linguagem e através da linguagem. Neste sentido, devo ao menos repensar o que significa a dança e precisar um pouco mais tudo isso.

> Ponto de exterioridade! A dançarina não tem exterioridade... Nada existe para além do sistema que ela forma através de seus atos...[1]

Paul Valéry definiu assim a dança, como movimento sem objetivo, em comparação com o movimento cotidiano da caminhada submetida a uma meta exterior. Isso é fundamental, mas a fórmula é muito genérica, simplista para falar da dança que se torna jogo, festa, rito, divertimento, dança de salão e todos os gêneros de espetáculo, assim como toda pesquisa coreográfica intensamente elaborada.

Mallarmé escreveu sobre balé, em seu texto *Rabiscado no teatro*:

> a dançarina *não é uma mulher que dança*, pelos motivos justapostos de que *ela não é uma mulher* mas uma metáfora que resume um dos aspectos elementares de nossa forma, gládio, taça, flor etc., e de que *ela não dança*, sugerindo, pelo prodígio de atalhos ou de elãs, com uma escrita corporal o que exigiria parágrafos em prosa dialogada bem como descritiva, para exprimir, na redação: poema liberado de todo aparato do escriba.[2]

O texto de Mallarmé já apresenta uma reflexão sobre como palavras que dançam encontram no balé um signo ideal, libertado da economia da

---

1 P. Valéry, "Philosophie de la danse" in *Œuvres* I. Paris: Gallimard, 1957, pp. 1390-1403.

2 Stéphane Mallarmé, *Rabiscado no teatro*, trad. bras. de Tomaz Tadeu. Belo Horizonte: Autêntica, 2010, p. 41.

linguagem. É por causa de sua "*in*-individualidade" que a dançarina não é mais nem sujeito nem linguagem, mas um puro "emblema".

O poeta – o mais simbolista dos simbolistas –, que buscou a pura poesia através de seu ascetismo, descobriu sua poesia ideal na dança. A dança é, aqui, uma metáfora da pura poesia feita de puro signo. Esse ponto de vista me parece um tanto pervertido. Uma dança (aqui, o balé) é, primeiramente um ato do corpo antes de ser um signo. O corpo que dança pode devir um signo, quando esse corpo é operado e sublimado de uma certa maneira. Ou uma língua é mais próxima do puro signo que o corpo, que nada mais é que um signo impuro. Mallarmé, que não dança, olha a bailarina e encontra na dança um puro signo ideal. O jogo é sempre para encontrar um signo puro. Mas para uma dançarina, não seria tão difícil (ou ainda mais difícil) transformar seu corpo em puro signo quanto para o poeta que trabalha com palavras?

De toda maneira, o poeta que olha o balé como puro signo poético projeta efetivamente seu ideal de signo sobre o gesto da bailarina.Já os espectadores, quando olham, se encantam pela cena e pelos belos gestos elaborados pelo corpo da dançarina. Mallarmé não verá literalmente *L'Après-midi d'un Faune*, escrito por ele mesmo, dançado por Nijinsky, sob composição de Debussy (1912, Paris). Que "metáfora" ele terá visto nessa peça, na qual Nijinsky aparece com toda impureza de um corpo terrestre desejante? Essa dança não é mais simbólica ou simbolista. Não é mais recuperável como um simples processo sígnico poético.

Mallarmé é bem perverso, na medida em que projeta sua discussão puramente de linguagem sob o corpo da bailarina, enquanto, de fato, o corpo da dança se situa fora da linguagem, liberto da linguagem e da sua supremacia. É verdade que, mesmo a dança, com sua história e sua performance, conta qualquer coisa que é plena de sentidos e de metáforas. Mas conta de outra forma. Não é a mesma narrativa da linguagem verbal. Nijinsky foi destruidor desta tradição do balé ao relevar a existência bruta da carne, seus pontos terrestres, sobretudo com a dança imóvel do Fauno, suprimindo todo esteticismo romântico. Ao invés de sublimar a carne, ele mergulhou nela a tal ponto que muitos espectadores acharam essa dança grotesca, horrível, escandalosa. Essa ruptura com o esteticismo burguês romântico ou clássico foi tardia em relação ao que se passou na pintura e na literatura.

Eu vejo a descrição de uma dança estranha em *O milagre da Rosa* de Jean Genet.

> Na cela, os gestos podem se constituir em extrema lentidão. Podemos parar em cada um deles. Somos mestres do tempo e do pensamento. Somos fortes por sermos lentos. Cada gesto se inflexiona de acordo com uma curvatura grave, hesitamos, escolhemos. É disso que é feito o luxo da vida na cela. Mas essa lentidão no gesto é uma lentidão que passa rapidamente. Ela se precipita. O eterno flui na inclinação de um gesto. Possui toda cela, porque preenche todo espaço com consciência atenta. Que luxo executar cada gesto com lentidão, mesmo quando a gravidade não reside nela. Nada poderá romper completamente o meu desespero. Ele se formará porque é regrado por uma glândula de secreção interna. Ele emerge dela, algumas vezes lentamente, mas sem parar por um instante.[3]

Esse não é um signo que Genet descobre na dança da prisão, descrevendo a dança de um prisioneiro. É a sua lentidão que se precipita. Inspirado pelos romances de Genet, Hijikata escreveu seu elogio a respeito da "dança criminal", e ele não estava apenas elogiando o mal. Ele queria observar os poderes e as instituições que investiram de parte a parte na vida e no corpo, e na vida do corpo que aí pode resistir a tudo que é impuro.

Mallarmé via no balé um poema puro que não poderia ser realizado com palavras. Em resumo, um outro signo. Ele queria, sem dúvida, fugir da maldição do signo, mas reencontrará um signo na dança que não é o

---

3 J. Genet *Œuvres complètes*, t. 2. Paris: Gallimard, 1951, p. 353 [Ed. bras.: *O milagre da rosa*, trad. de Manoel Paulo Ferreira. Rio de Janeiro: Nova Fronteira, 1984].

mesmo signo do poema. Talvez o poeta quisesse, sobretudo, possuir uma imagem fora do signo através do balé. Uma imagem não é simplesmente um objeto visual. Há um objeto de percepção através dos diferentes sentidos. Um objeto visual não é exatamente um fato óptico, mas uma imagem da luz captada pelo olho e pelo cérebro. Um cego pode ter uma imagem com seus outros sentidos. Sabe-se que alguém que perde a audição pode compor música com imagens sonoras em seu cérebro. Não se tem somente a memória da audição, mas se tem sobretudo a imagem sonora. A imagem é, assim, mais fundamental que o objeto percebido e, no nível da imagem, a articulação e a distribuição da visão, da audição, do tato etc., não são sempre evidentes. Então, tudo pode se reduzir a um contato, contato da luz, contato do som, contato do toque... A criança, em *Dançarina doente*, pode usar ou não os olhos como luneta, de todo modo ela sente o mundo com uma percepção antes da visão. Michel Serres confirma essa reflexão concebendo a sensibilidade da pele, que forma a base comum para todos os sentidos.

> A sensibilidade alerta, aberta a todas as mensagens, apreende a pele melhor que o olho, a boca ou a orelha... Os órgãos dos sentidos advêm sobre ela quando ela se faz doce e fina, ultrarreceptiva. Em certos lugares, localizações dadas, ela se rarefaz até a transparência, se abre até a vibração, se faz observar, escutar, sentir, provar... Os órgãos dos sentidos transformam estranhamente a pele, ela mesma, variável fundamental, *sensorium commune*, sentidos comuns a todos os sentidos.[4]

Tudo isso explica como os sentidos atravessam os órgãos, desterritorializam os órgãos em realidade antes da gênese e da evolução dos órgãos e dos sentidos. Nós vemos e escutamos o mundo porque nós temos a imagem dada pelo *sensorium commune*. É por isso que podemos perceber o mundo com essa imagem, às vezes mesmo sem ver, sem ouvir.

4 Michel Serres, *Les cinq sens*. Paris: Grasset, 1985, p. 70.

Mallarmé descobriu um signo puro no balé desejando sair da impureza do signo, e é preciso dizer que o fora do signo deve existir sem repetir a discussão metafísica tradicional da existência das coisas em si. Todos os signos são os signos de fora. Mesmo a percepção da língua e entre os diferentes efeitos das imagens não se pode jamais reduzir à combinação lamentável do significante-significado. A semiótica de tudo, incluindo a dança, pode sempre existir, mas uma dança não pode ser jamais reduzida a signos puros ou impuros. É preciso observar que dançar e observar a dança não correspondem ao mesmo tipo de semiologia ou de funções do signo. Mas se supomos o *sensorium commune*, aí pode haver uma zona comum de imagem de acordo com a qual não podemos mais distinguir necessariamente o ato de dançar daquele de observar a dança, de perceber o eu que dança, os outros que a observam: há *uma imagem da dança* e suas imagens múltiplas infinitas. Havia uma pesquisa mallarmeana por vezes trágica do signo, com sua extraordinária perversidade neurótica e inspirada por sua criação poética. Nela, aparece uma outra dança profundamente esquizo de Nijinsky, que a libertou de uma vez para fora do círculo vicioso perverso do signo infernal que a fez explodir.

2) O butō e a linguagem

O texto de Yoshimoto Takaaki sobre butō começa pela expressão de um ponto de vista estranhamente cheio de preconceitos.

> O ritmo que entra no corpo pelas orelhas é bloqueado, insano. A diversidade é introduzida, mas desaparece antes de apresentar as palavras que fazem mover o corpo, e o corpo perde o ritmo. Por isso, não ousei me aproximar do butō. Não consigo me livrar da ideia de que não é isso que a humanidade faz ou poderia fazer.[5]

5 Yoshimoto Takaaki, *High Image-ron III*. Osaka: Chikuma Gakugei bunko, 2003, p. 6.

232 Desde o começo, falando da impressão de falta de ritmo, o autor chama o butō de "inumano", o que me aterroriza. Mas apesar de tudo, Yoshimoto ficou impressionado pela escrita de Hijikata, e diz:

> Felizmente, Hijikata Tatsumi transforma a carne em escrita, a escrita em carne e o conceito de dança e de butō em uma mesma metáfora entre carne e palavras; assim, vejo claramente seu butō ao ler as palavras, e, fora isso, jamais consegui ver seu butō.

A dança das palavras é equivalente às palavras da dança? O que acorrenta à "perversidade" de Mallarmé, mais ou menos no caso do espectador apaixonado por balé, é que a diferença entre o corpo deste último e a linguagem poética é enorme, mesmo que os dois se mostrem como signos puros ou impuros. Yoshimoto leu o texto de Hijikata, *Com inveja da veia de um cão* comparando com *Investigações de um cão*, de Kafka, e diz:

> Quando se serve da tonalidade da linguagem, da sensação e da ética humanas para descrever a maneira de ser homem, é um homem como cão; este estado constitui a dança ou o butō.

Ele é sempre sensível àquilo que o butō de Hijikata fazia, não somente através da carne, mas também pelas palavras, de uma maneira pouco comum,

> Hijikata queria aproximar o movimento da dança e do butō, da metáfora de movimento das coisas e dos eventos.

Trata-se, ainda, da metáfora que concerne sobretudo o uso da linguagem. Falar de "metáfora" para dança ou falar metaforicamente, nada mais é que falar da dança considerada signo, que não é exatamente como as palavras. Mas não é uma maneira pertinente de costurar o que está fora da linguagem na dança.

Yoshimoto tenta fazer a lista condensada das danças através das palavras, como poema em prosa que encontra em *Dançarina doente*. E se sente no limite:

> Para dizer a verdade, o conjunto de *Dançarina doente* cansa o leitor; ele [Hijikata] continua a destruir o movimento que poderia se cristalizar em forma, mas há pouco movimento real que destrói as coisas e os eventos. Nos cansamos do insuportável, sem sentimento de liberdade [...] Nos cansamos dos pontos invisíveis que vêm do butō [...] O livro nada mais é que uma memória comum, nem uma narração nem uma dramatização de si, ele continua a acumular as metáforas (as palavras) com a única vontade de transformar tudo em butō.[6]

Yoshimoto parece tocar aspectos essenciais, interpretando a singularidade da pesquisa de Hijikata, sublinhando também a natureza das dificuldades deste livro. Ao mesmo tempo, pode-se perguntar, antes de tudo, se *Dançarina doente* é uma dança de palavras, através de palavras, ou se podemos dançar com palavras. As palavras de Hijikata tentaram, sem dúvida, observar a gênese do butō, o butō como gênese, e elas fazem isso com o butō, mas o butō não é jamais inteiramente expresso ou recuperado nessas palavras. Esta dança também está fora dessas palavras, as próprias palavras tentaram sair de uma percepção e de um pensamento mais ou menos codificado. Há descontinuidades neste fora. Yoshimoto jamais foi insensível a este fora. Mas aqui, ele escreve como se quisesse encarcerar uma essência do butō de Hijikata e as dobras de sua escritura no butō das palavras. Ele faz uma espécie de índice de dançarinos do "butō do corpo como linguagem", que é mais estranho do que aborrecido.

6 Ibid., p. 38.

Yoshimoto reprova "o butō das palavras", da experiência da infância, do romancista Natsume Sōseki, e reencontra nesse butō a experiência de "enlouquecer", que introduz um traumatismo na infância, necessariamente ligado ao freudismo. E convoca passagens do *Diário* de Kafka dizendo que:

> Esta sensação é aquela para a qual o meu feto se dirige dentro do líquido aminiótico em direção à saída e se compreende que o fora e o dentro se tornam idênticos, muito próximos.

então,

> A dança e o butō de Hijikata parecem se dobrar para dentro servindo-se continuamente da metáfora. Mas na realidade, ela aumenta a diferença entre o dentro e o fora e a decompõe de novo.[7]

Inspirado por Freud, Yoshimoto começa a psicanalisar de alguma forma Hijikata. É verdade que este último não parava de falar na ferida em seu corpo e em si mesmo. ("a ferida está na origem do corpo"). A ferida não é psicológica nem inconsciente. Hijikata fala do corpo como ferida, de algo que se degrada sem cessar no corpo. Mas Yoshimoto é obcecado pela ferida "mental". Sua abordagem se centra sensivelmente sobre a dança das palavras e o labirinto de metáforas, mas dificilmente se desloca em direção ao butō, àquilo que se passa com a dança e com as palavras através da dança.

Yoshimoto leu a *Dançarina doente* de Hjikata como uma dança de palavras que podem representar metaforicamente a dança, mas ele não foi suficientemente sensível à coexistência absoluta dessas palavras com a dança. Suas palavras têm uma autonomia, mas são topologicamente coladas à dança, as palavras são autônomas, mas não acabam. A dança de

7 Ibid., p. 24.

Hijikata é mutíssimo elaborada, mas jamais acabada ou formatada. Para viver neste inacabamento, é preciso assegurar uma margem criada através de palavras que não são submissas ao butō.

3) O devir

Pode-se ler *Dançarina doente* como um dossiê da infância, mesmo que o estilo do livro seja excepcional. Pode-se fazer uma leitura psicológica ou psicanalítica, como aquela de uma certa loucura mental etc. Mas esses não são pontos de vista pertinentes para compreender aquilo que se passa no corpo de uma criança. Seria melhor captar o extraordinário devir-criança desse livro e a simultaneidade do passado e do presente, sob a qual insistiam Deleuze e Guattari. Para a música e sem dúvida para a dança, o devir-criança é essencial. A pesquisa de Hijikata, em *Dançarina doente*, não está no nível da lembrança, ela consiste em reviver todas as sensações e as percepções da criança e experimentar essas vivências com tudo. Não é uma questão de descrever as lembranças, sentimentos e paisagens, mas um devir-criança, devir-animal, devir-mulher, devir-doente. A criança pode devir tudo isso, perceber tudo que esses estados percebem, dobrar e redobrar as percepções. O devir-criança se encontra nesse movimento concreto da percepção, é um outro processo, diferente da lembrança da infância. Cheio de loucuras, de feridas, de turbilhões; esta criança pode parecer com um campo onde os objetos parciais se agitam à la Melanie Klein. Mas não são objetos parciais que precisam ser unificados a partir do estado de espelho. O estado do qual Hijikata fala frequentemente, no qual a criança é invadida pelo mundo antes de invadi-lo, "se faz dançar" antes de dançar, é certamente caótico, mas este caos não é uma pura desordem. O caos em devir possui uma espécie de ordem que, naturalmente, não se parece com aquela da vida adulta.

Como vimos, Hijikata estava muitíssimo interessado no "corpo sem órgãos", descoberto por Artaud e desenvolvido por Deleuze e Guattari. Sem dúvida alguma Hijikata descobriu, em seu próprio contexto, a realidade do corpo que pode ser nomeado como "corpo sem órgãos" e o experimentou, colocou em questão, elaborou e demonstrou.

> De todo modo você tem um (ou muitos), não porque ele preexista, ou seja, dado inteiramente feito – se bem que sob certos aspectos ele pré-exista – mas de todo modo você faz um, não pode desejar sem fazê-lo –, e ele espera por você, é um exercício, uma experimentação inevitável, já feita no momento em que você a empreende, não ainda efetuada se você não a começou.[8]

Esse corpo existe em toda parte, oriental, japonês. Esse conceito é fundamentalmente problemático por colocar em questão o corpo e colocar coisas em questão através do corpo. Hijikata é um dos raros artistas que descobriram e criaram o seu corpo sem órgãos propriamente, como Artaud, Francis Bacon, William Burroughs... Talvez, o corpo sem órgãos seja o problema final, o desafio de importância extrema para toda pesquisa artística, mesmo que seja de fato banal, popular pois pode existir em toda parte. Ele é essencial, mas singular. Virtual, mas real.

4) Sacrifício e emblema

Pascal Quignard, em sua *Origine de la danse*, refere-se muitas vezes aos dançarinos de butō. Escreve sobretudo sobre a origem da dança ou sobre os aspectos originais da dança, como se quisesse dizer: na origem (da vida e da humanidade), havia a dança.

---

8 Gilles Deleuze e Félix Guattari, *Mil Platôs, capitalismo e esquizofrenia*, v. 3, trad. bras. de Aurélio Guerra Neto. São Paulo: Editora 34, 1996, p. 9.

Foi em 1962 que Hijikata degolou, em público, uma galinha entre suas pernas nuas, em uma pequena cena, à noite. A dependência da origem, da mãe, inerente ao corpo, é rompida em um só golpe. Assim como no instante do nascimento.

Assim é o ankoku butō, a dança obscura que agita os nascimentos e que busca se deslocar e seguir a superfície da terra, empurrando os ossos dos mortos que lhe engendram com seus sexos ainda inchados e vivos.[9]

O drama do nascimento, a ruptura e a saída do útero. O recém-nascido que cresce e depois se levanta titubeando. Tudo isso se dá como protótipo da dança. Quignard não cessa de retornar aos mitos. Medeia mata seu marido que a traiu e mata seus filhos.

Com sua espada, ela limpa o interior da sua vulva de todo traço do terceiro filho de Jasão que ela concebeu.

O sexo que gera também mata suas crianças. O escritor elaborou o texto (uma sinopse) para a dançarina de butō Carlotta Ikeda seguindo o mito de Medeia. Esta dança é essencialmente ligada à crueldade, ao êxtase e à inaptidão do nascimento – algo que é completamente diferente da inspiração da dança em Mallarmé e Valéry. A inspiração de Quignard é bela, desenha a ligação da dança com suas origens míticas. Mas o corpo da dança é projetado no círculo longínquo dos mitos e da história, abstraído da realidade vivida pela dança. O pensamento da dança, de acordo com Quignard, se encadeia na minha cabeça com um outro livro impressionante, *Danses et légendes de la Chine ancienne*, de Marcel Granet. A imagem da dança nesse livro também é, de outro modo, cruel e maléfica.

9 Pascal Quignard, *Origine de la danse*. Paris: Galilée, 2013, p. 33.

238 Em torno do ano 500, Confúcio decapitou dançarinos e repartiu em pedaços seus cadáveres?[10]

Confúcio, sem dúvida, massacrou os dançarinos enviados por seu inimigo. Os dançarinos foram sacrificados no lugar do seu senhor. Assim, a virtude e a ordem foram restauradas...

Um outro ponto marcante na dança da China antiga é que a dança era com frequência aquela dos animais.

O essencial da festa era uma dança, a dança dos doze animais.[11]

Os dançarinos usavam pelos de urso ou um tipo de plumas e chifres. Eles gritavam, corriam com tochas e caçavam os maus espíritos. Às vezes, os sujeitos que haviam cometido uma falta eram condenados depois de dançar. E então...

Uma dança da dinastia era uma espécie de brasão musical e pantomímico.[12] [...] O tambor da dança dava a voz e a alma ao Deus do lugar sagrado. O forjador, para criar o metal, se dedicava e lhe dava a sua alma e o seu nome. O chefe, quando nasce, pega seu nome do lugar sagrado e, devotando-se, lhe dá sua alma. Possuído, dessecado, hemiplégico, aí está, arrastando a perna, capaz de dançar como seu Deus em uma perna só.[13]

A dança como sacrifício, exorcismo, santidade, emblema, pode ser a dança da morte, mas ela também é destinada a exorcizar o caos, os flagelos, a catástrofe, a epidemia, e para restaurar a ordem, as novas vidas. E a dança

10 Marcel Granet, *Danses et légendes de la Chine ancienne*. Paris: PUF, 1959, t. I, p. 212.

11 Ibid., p. 300.

12 Ibid., t. 2, p. 461.

13 Ibid., p. 571.

não é sem relação com os mitos e as histórias em torno do ciclo da vida e da morte. Mas a dança da China antiga, de acordo com as lendas, sugere mais um caos maléfico do que a crueza do ciclo do nascimento e da morte nos mitos do Ocidente.

Através do corpo que dança, longe dos mitos, das lendas, das histórias; o corpo reside sóbrio, nu, comum. Ser somente um corpo, estar em pé ou sem poder ficar de pé, esvaziar o corpo, esvaziar as palavras. Ele pode descobrir ou realizar somente à força os exercícios e as pesquisas excepcionalmente intensas, ou bem simples e sóbrias, mas incessantes.

> Há alguém de pé, somente de pé. Mas não é possível, o que olham os olhos? Nada? Suas costas um pouco curvadas, seu pescoço um pouco para frente, suas costas verdadeiramente arqueadas. Sobre suas costas não há um traço de vontade. Sem encher o torso de ar, sem enrolar os ombros, nenhuma intenção sobre o ventre e a bunda. Ele está lá, simplesmente… […] Nada a fazer, mas disponível para tudo, com ar de quem é capaz de começar de repente. Mas não se pode imaginar o que ele vai fazer. Ele está lá, simplesmente… Contrariamente ao torso, que parece que vai subir ao céu, suas pernas se afundam no subterrâneo… Determinado a ficar simplesmente em pé. O presente se torna a respiração = o vento infinito que se libera do corpo…[14]

Um dançarino falou antes de Hijikata, mas sem saber quando começou a pensar a sua própria dança. Não há mais demarcação. Não se sabe mais quem dança. Uma só dança é dançada longe das lendas e dos mitos. Essa dança é muito sóbria, invisível por ser considerada como um ato heroico ou vitorioso.

---

14 Tanaka Min, *Eu estava sempre nu* (*Boku wa zutto hadaka datta*). Tōkyō: Kosakusha 2011, pp. 261-262.

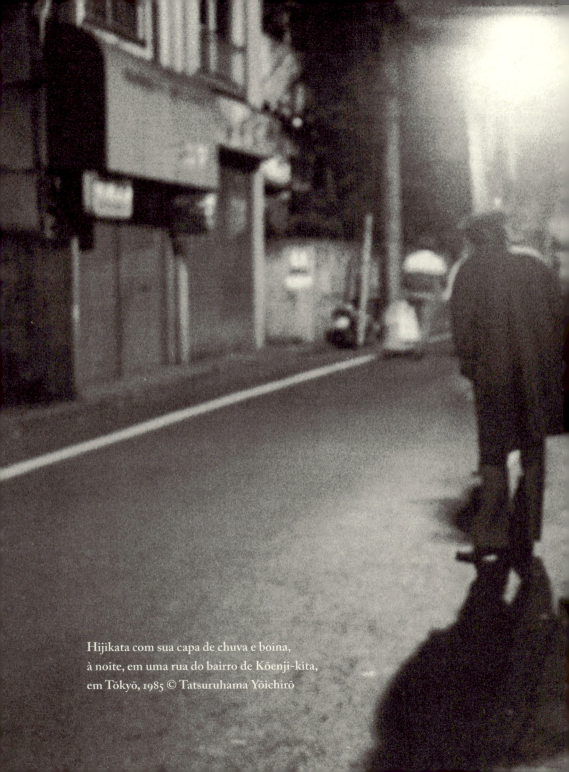

Hijikata com sua capa de chuva e boina, à noite, em uma rua do bairro de Kōenji-kita, em Tōkyō, 1985 © Tatsuruhama Yōichirō

Ao longo do tempo

Hijikata de boina e de costas em 1985,
alguns meses antes do seu falecimento,
© Tatsuruhama Yōichirō, 1985.

1. A MORTE E O DANÇARINO

Eu acabo de sair do Asubesuto-kan [Palácio de Amianto], o estúdio de Hijikata Tatsumi. Ele tinha enfiado palavras que pareciam agulhas no meu cérebro embebido, alisado e lavado pelo álcool. Ao amanhecer, saí flutuando e nadei pelos quarteirões animados do Meguro, um pouco envergonhado de partir para pegar meu trem. Ele continuava a gritar, quase adormecendo no estúdio, como se quisesse romper com o próprio sono. A multidão fluía em um gigantesco tubo translúcido, e eu avançava contra a corrente, como um extraterrestre encarregado de uma missão bem estranha.

Eu a encontrei no domínio de um tipo de palavra, que me possuiu, continuando a falar com uma tal potência que ela absorvia todas as minhas palavras. Palavra e riso não paravam jamais, calmas, devoradoras, provocadoras, emergindo subitamente das profundezas. Mas, às vezes, durante uma conversa divertida, ele deixava entrever uma expressão desesperada, exaurida, como o tronco oco de uma árvore morta. Ele consumia a sua vida sem concessão.

O Hijikata Tatsumi que eu conheci era alguém que dava a impressão de viver, de pensar e de encontrar os outros se misturando à morte, estando semipenetrado pela morte. Isso não quer dizer que ele foi sempre ameaçado pela consciência da morte ou que vivesse precocemente possuído por ela.

Um dia, o ouvi dizer: "o nascimento é uma improvisação."

A morte também seria assim? Ou a morte seria a única coisa que não se improvisa – eu perguntei a Hijikata, reclinado em seu caixão, e me lembrei que ele havia dito: "seria lamentável se o homem não morresse jamais". De toda forma, ele não queria concordar, nem mesmo um segundo da sua vida, com todas as mentiras em torno da morte que a embelezavam, os sentimentalismos que tornavam possível trocar qualquer coisa contra a ameaça da morte.

É por isso que lhe importava sempre a maneira de viver a doença como realidade fundamental e situação permanente. Ele contemplava sem cessar o corpo que estava morrendo, o que ficava doente, o se curar e depois se metamorfosear, se deslocar, se abrir, se fechar, se encontrar, se perder. Pode-se ler *Dançarina doente* como uma demonstração dessa contemplação permanente. As palavras de Hijikata não cessam, a cada instante, de tocar o tremor da carne frágil, doente, e de cuidá-la minuciosamente.

Assim, para ele, a vida não se separava jamais da morte. A vida e a morte constituíam-se como uma dança na qual elas se alternavam, se cruzando em um leque que partia do microcosmo até a imensidão do universo. A carne é o lugar desse cruzamento, dessa alternância, desse mesmo leque. Não ceder à ameaça da morte que advém, em última instância, afirmar a vida como improvisação plena de malícias e de doenças.

Ele detestava e desprezava a morte como imagem. Por outro lado, ele acolhia generosamente as minúsculas mortes permanentes, como a doença, aquelas que corroem a vida como uma queda incessante. Ele tentou recolher os grãos de realidade da vida plena, interminável, inseparável da morte. Ele se impôs um imenso trabalho de "colecionar corpos esgotados", preparando sua própria performance de *butō*.

Em uma de suas últimas conferências, citou um episódio que se encontra em um texto clássico do Japão (*Nihon Ryōiki*), no qual um monge, em seu sonho, olha seu próprio cadáver do ponto de vista de sua alma. Deve--se queimar seu corpo, mas não se consegue. O monge aconselha as pessoas, então, a juntar ramos finos e cortar sua carne em pedaços, fazendo espetos para que eles queimem bem e suavemente. Pode-se dizer que Hijikata previu sua morte. O Hijikata que eu encontrei viveu de maneira estranhamente intensa, impregnado por mortes sutis.

Eu diria, sem exagero, que Hijikata era um Zaratustra. A filosofia de Zaratustra não precisa nem de livro, nem de universidade. Sua viagem não é aquela do saber, mas do sangue, não mais a da linguagem, mas a dos nervos. Um Zaratustra não significa nem uma inteligência brilhante, nem uma mistura hábil de saber oriental e ocidental, nem uma pesquisa científica estrita. Como Zaratustra, ele viveu a era do Camelo, do Leão e depois da Criança, respectivamente com desdém e submissão, raiva e destruição, depois alegria e liberdade. Ele parecia dobrar tudo isso em seu corpo e em seu espírito, formando um prisma de pensamento sem descanso. Ele aguçou seus sentidos críticos contra as instituições ilusórias e seus comparsas que deterioram a vida e se agitou como um extraordinário meio que gera uma comunidade sem nome e sem forma, por meio de suas experimentações sem compromisso, longe das escolas, das mídias e das instituições artísticas. Mas acima de tudo, ele era um homem que dançava. É por isso que ele era mais Zaratustra que aquele que inventou Zaratustra.

[1986]

2. ÀQUELE QUE NÃO PAROU DE DANÇAR

Recentemente, traduzi o texto de uma peça radiofônica que Artaud havia escrito e que foi veiculada alguns meses antes dele morrer: *Para acabar com o juízo de deus*. Eu tinha traduzido esse texto uma primeira vez, sem muitas elaborações, para mostrar a Hijikata. Em fevereiro de 1983, eu havia retornado ao Japão, depois de uma temporada de seis anos e meio na França, e encontrei Hijikata, que me foi apresentado por Tanaka Min. Imediatamente após esse primeiro encontro, eu lhe ofereci uma fita gravada dessa peça com um ensaio que tinha escrito sobre Artaud. Hijikata me contou da sua fascinação quando leu *Héliogabale*, cujos extratos haviam sido traduzidos por seu grande amigo Shibusawa Tatsuhiko. Nosso encontro foi sem dúvida a ignição para que Hijikata prestasse uma atenção singular em Artaud. Esse encontro foi extraordinário para mim, mas, ao mesmo tempo, "cruel", na medida em que Hijikata começou a me fazer perguntas muito difíceis, penosas e que me perseguiram, corpo e alma, mesmo depois de sua morte.

Há mais de uma testemunha que relatou como Hijikata não parava de fazer mistificações e provocações com suas conversas surrealistas e suas piadas amargas. Era ao mesmo tempo uma espécie de pedagogia e um entretenimento para ele mesmo. Além disso, o que era surpreendente é que Hijikata aprendia e absorvia enormemente e mais seriamente do que a maior parte dos artistas e intelectuais. Eu fui logo atingido por sua acuidade e intensidade e a sua maneira peculiar de interpretar todas as coisas. Eu sentia a fragilidade das minhas reflexões.

Ele se mostrava positivo e encorajador em relação ao meu trabalho sobre Artaud. Mas, agora, entendo seu funcionamento. Quando ele se interessava por alguém, sempre tinha um tipo de estratégia.

Reli os ensaios reunidos em suas *Œuvres complètes* (t. I), que são quase sempre perfis de artistas, de poetas, de escritores e de dançarinos próximos dele. Hijikata sempre foi admirador e se divertiu observando os gestos, as fontes, os detalhes de suas experiências, como se observasse animais e objetos. Seu olhar era cru, sem piedade, absorvendo as partes frágeis, passivas, apaixonadas e os potenciais das pessoas. Com seu olhar cruel, mas estranhamente afetuoso, Hijikata fazia elogios encorajadores, mas o que ele queria dizer é que seu sistema cruel já estava funcionando. Nessa época, Hijikata era um leitor inexorável e quando eu escrevia qualquer coisa era como se ele já tivesse lido e sabido aquilo que eu queria dizer. Eu escrevi sobre Kobayashi Hideo, sobre a pintura e a dança, por exemplo. Quando cheguei à Tōkyō, ele organizou uma noite (que durava até de manhã) com alguns amigos. Ele tinha lido meu texto e sabia quase de cor. Aquilo que tinha decorado servia de aperitivo para o sakē.

A respeito de Artaud, da gravação da peça radiofônica e de sua própria voz, Hijikata insistia particularmente que:

De toda forma, ele era alguém que tinha trabalhado em cena.

Ele não explicava mais nenhum detalhe. Eu tinha a impressão de que ele queria condensar a sua profunda simpatia por Artaud. As dobras e as torções marcadas na carne em cena, o traço dos olhares dos espectadores, o tempo especial do evento teatral, a matéria e a luz, a presença invisível dos outros... Eu tentava imaginar tudo isso.

Um dia, Hijikata me contou o título de seu próximo espetáculo: "Sobre Artaud." E algumas semanas depois: "Não é mais sobre Artaud, mas Dostoiévski."

Aí eu captei os signos do desenvolvimento sinuoso contidos na sua fala. Se havia ou não pontos comuns fundamentais entre Hijikata e Artaud, isso não era meu problema. Mas a colocação de questões e a perspectiva de Hijikata a respeito de Artaud, com as quais eu pude conviver, acrescentaram, sem dúvida, algumas dobras ao meu pensamento sobre Artaud. Aquilo que eu havia lido em Artaud, sua maneira subversiva de observar o ser como doença e do ponto de vista da doença, a experiência extremamente conflituosa entre a carne e o pensamento, todas as provas cruéis e sutis para transformar o corpo, porque, para ele, as armaduras do poder, do Estado, da civilização residiam na profundeza do corpo; tudo isso eu pude projetar no diálogo com Hijikata. Com certeza não descobri um outro Artaud, mas com Hijikata pude testar esse Artaud que eu havia compreendido. Até a publicação do meu livro sobre Artaud no Japão,[1] retrabalhado a partir de minha tese em francês, a inspiração de Hijikata esteve sempre presente, mesmo depois do seu falecimento.

E eu nunca esqueci a expressão bizarramente infantil de Hijikata quando nós falamos de Miyazawa Kenji. Em uma outra "cena", que não era aquela do teatro da crueldade, mas a da luz e da carne de Tōhoku, havia um Kenji que não tinha fechado seu pensamento sobre uma moral, uma religião, um cosmos.

Hijikata queria, sobretudo, se enraizar nas dobras de uma vida popular, mesmo vulgar. E por não ter sido recuperado por um elitismo cultural, nem por um populismo frouxo, ele trabalhou muito sobre a cena, até mesmo para a sua vida cotidiana. Uma anarquia excepcional custou a Artaud a sua encarceração por longos períodos. Mas até então, eu não sabia o que o modo de viver de Hijikata, a sua abertura generosa e extravagante, poderiam lhe custar. Isso lhe fez, sem dúvida, desaparecer da cena. Sem ter a chance de encontrá-lo a não ser nos seus últimos anos de vida, muitas vezes parecia que eu não tinha entendido nada.

Eu suponho que a afirmação à la Artaud "o homem ainda não constituído" ressoava de modo excepcional com a irritação sutil de Hijikata.

---

1 *Arutoo, shikō to shintai*. Tōkyō: Hakusuisha, 1997. Fonte de sua tese *Artaud et l'espace des forces*, defendida em junho 1980 sob a orientação de Gilles Deleuze à Paris VIII (Vincennes). [N.T.]

Artaud e alguns outros autores me abriram a um pensamento sobre o limite da linguagem e do corpo e me colocaram à prova. Mas é preciso dizer também que Hijikata não era um gênio medíocre, para que oferecesse seu gênio brilhante desconhecido a um outro. Ele recebia os outros e observava, descobria nos outros o talento que eles ignoravam possuir e que ele até podia vir a explorá-los. Mas, sem amparo, saía entre si mesmo e o outro, tentando tecer possibilidades. A dança, antes de qualquer coisa, era assim para ele.

Devorador ávido, grandioso, ele nunca para e segue ainda dançando, ainda que de agora em diante o nome de Hijikata Tatsumi não pertença mais apenas a ele mesmo.

[1989]

3. COMO COMER UMA MELANCIA

Eu não sou culto, então só posso falar de coisas para comer. Não há mais dançarinos que possam comer uma melancia. A melhor parte é a casca e o vermelho sob a casca. Mas eles pensam com seus paladares insensíveis que o topo dos Alpes é o melhor. Uma melancia, é preciso comê-la segurando bem nas duas mãos, fazendo deslizar os dentes na parte de cima como se toca uma gaita. Devorar ou ser devorado, isso é a melancia. Enfrentar a meia lua da melancia e comer de kimono, bem embebido de suco... a base da dança devia ser assim.

HIJIKATA TATSUMI

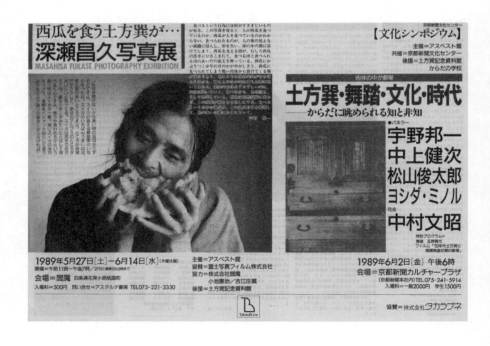

Há uma crueldade no ato de comer. Eu olho uma foto de Hijikata que devora um pedaço de melancia e não sei se um homem come a melancia ou se é a melancia que come o homem. O que foi engolido invade os microrganismos invisíveis do corpo, perde sua forma, se funde nas trevas dentro do corpo. Os dedos que seguram a melancia são treinados no pensamento da melancia, dançam o tremor entre a carne que come e aquela que é comida. O apetite radiante da criança, que devora a melancia, contraria as trevas que se abrem no corpo frágil, comido pela melancia. A luminosidade da carne da melancia é absorvida na obscuridade interior retorcida do dançarino. A luz da melancia é fresca, mas o corpo se desseca. O homem chora e se esbalda de rir enquanto come. A melancia se transforma em máscara. A máscara desnuda o rosto. O estranho rito da mastigação destrói o ritual. Então, a dança da luz transpassa a carne e se enrola na escuridão.

[1989]

Ao lado, divulgação da exposição
fotográfica de Fukase Masahita e o
simpósio de 27 de maio a 14 de junho 1989
sobre Hijikata Tatsumi, em Kyōto, do qual
Uno Kuniichi participa. O pequeno texto
no alto, à direita da cabeça de Hijikata, é
de Uno, traduzido acima. O que está no
alto, à esquerda, é de Hijikata Tatsumi,
traduzido no início deste capítulo. Coleção
particular, cortesia Bruno Fernandes.

4. AS PALAVRAS E O DESUMANISMO

As incontáveis palavras que Hijikata nos legou nunca são fáceis de seguir, e nós somos obrigados a mudar as nossas abordagens habituais. Por que ele nunca falou de maneira bem acessível? Ele queria intrigar, provocar, desafiar, sem precisar de nenhum acordo ou complacência. Ele era sempre contra os estereótipos do bom senso diplomático, intelectual ou cultural. Toda essa abordagem era fundamental para a sua pesquisa, mas também uma disposição que ele construiu muito cedo, instintivamente. Ou talvez, tendo vivido uma vida que se encontrava em uma outra dimensão, ele não pudesse se exprimir senão com uma linguagem comum.

Quando ele queria dizer qualquer coisa essencial, para ele, as palavras eram insuficientes e sempre lhe faltavam. Era preciso deformar, maltratar as palavras e pensar esgueirando-se entre elas. O que era essencial não se exprimia jamais com uma fórmula precisa, era melhor não determinar. Ele parecia um pouco mistificador, mas essa era também a sua maneira de ser sincero e rigoroso.

Ele era igualmente atento à teoria e ao conceito, mas desconfiava muito das estruturas rígidas e congeladas. O que ele detectava entre a teoria e o conceito, lançava no turbilhão sensível e rápido de seu pensamento. Ele falava às vezes como um poeta surrealista, mas era cruel demais a respeito das palavras por ser um poeta.

Ele escolhia as palavras fiéis ao seu pensamento sensível e à sensação que mobilizava seu pensamento, mas as palavras, a sensação e o pensamento não se afinavam facilmente. Era preciso operar os interstícios entre elas muito atentamente. Hijikata me parece ter vivido sem nenhuma pausa o tempo desse tipo de pesquisa. Todas as provocações e desvios haviam sido necessários para essa pesquisa. Elas incluíam até mesmo uma pedagogia especial.

Entre os textos inéditos das *Obras completas*, *O pensamento da carne apodrecida* (*Funiku no shisō*, novembro de 1969) era particularmente impressionante.

Eu ouvi dizer que na cozinha do Japão existe a sopa da vovó.

Hijikata começa, assim, um episódio de antropofagia. Em japonês, a expressão *hito wo kuu* [comida de homem] quer dizer também "se encher de alguém". Hijikata continua com uma lista de crimes perversos colhidos a partir de diversos fatos.

Há mulheres que querem comer não importa que parte do amante. Há um marido que descascou o rosto de sua mulher morta. Quando ele foi preso pela polícia, tinha a pele do rosto da mulher em seu próprio rosto e via televisão. Ele também guardava os olhos de sua mulher no seu bolso. Havia uma moça, descoberta morta, que cortou seu próprio corpo em vários lugares. Aparentemente, ela queria ter inúmeros sexos em seu corpo.

Em seguida, Hijikata desenvolve seriamente um pensamento sobre o corpo.

Observo esses casos como eventos cômicos nos quais as pessoas jogaram com o corpo em um impasse em que vomitam sobre os direitos humanos. A austeridade se torna cômica, o eu ou a individualidade são fenômenos lamentáveis. Então não é o medo, mas é antes o riso que visita meu corpo. [...] De qualquer maneira, a carne existe como ferida na natureza, e a carne que despenca nessa natureza provoca uma dor de se revirar.

Como esses fatos grotescos também são fenômenos da ferida, não podemos compreendê-los por meio de um humanismo brando. Mas como ações, eles são extremamente obrigatórios, e é melhor "observar a carne como apodrecida". Então,

Nós podemos sobreviver dez anos em uma prisão com um só dente cariado. E quando temos um eczema, uma diarreia, uma hérnia, uma luxação, é fácil construir um desumanismo. Se acontece de olharmos o corpo como carne aprodrecida, não nos aborreceremos durante nossos lazeres, podemos inocentemente nos divertir distorcendo um sonho, sugando pus, perfurando a carne.

Aqui, Hijikata não fala de butō. Mas é certamente o butō que melhor representa esse jogo ao praticar um "pensamento da carne apodrecida".

Existem encontros perversos e bizarros. Mas quem são verdadeiramente os perversos: os "criminosos" ou os "espectadores" curiosos? Muitas vezes os papéis se invertem. O público não sabe se quer se tranquilizar quanto a seu humanismo ou se está apenas ávido de um espetáculo desumano. Nesse ensaio, escrito para um um hebdomadário popular, a provocação de Hijikata é complexa e difícil de decifrar. Mas sua disposição é clara. Mesmo a violência perversa de fatos diversos é um evento que concerne a carne e que ultrapassa a dimensão do homem. Insuportável é o humanismo dos espectadores que ignoram o que se passa a propósito da carne. As palavras de Hijikata aí estão para resistir a essas reações demasiado humanas. E com essas palavras, ele encorajou o butō. Com certeza é o butō que dá vida a essas palavras desumanizantes.

[2016]

Piquenique no restaurante *Okutan* [cozinha vegetariana monástica] do templo Nanzen-ji em Kyōto. À direita, Uno Kuniichi e, da esquerda para a direita, Hijikata Tatsumi, Kobata Kazue (produtora de Tanaka Min e tradutora), o poeta Yoshioka Minoru e Nakamura Fumiaki, crítico de butō, 11.07.1984. Foto tirada pelo pintor Tatsuruhama Yōichirō, © Uno Kuniichi, coleção particular.

OBRAS DE UNO KUNIICHI

TEXTOS EM FRANCÊS PUBLICADOS EM REVISTAS:

"Les mots et Nijinsky", in *Chimères*, n. 1 (primavera de 1987).

"Variations sur la cruauté", in Camille Dumoulié (org.), *Les Théâtres de la Cruauté*: *Hommage à Antonin Artaud*. Paris: Éditions Desjonquères, 2000.

"Hijikata et un devenir", in *Liberté*. Montréal, n. 254, novembro de 2001.

"Traduire des voix" in Multitudes 2007, n. 29, pp. 153-160, outono de 2007.

"Le Temps: l'en-dehors de l'image"; in Carlo U. Arcuri & Giorgio Passerone (orgs.), *L'en-dehors, éloge et variations*: *Consistances de la littérature, des arts, de la philosophie*. Paris: Éditions Kimé, 2009.

"Vitalisme et Bio-politique", in Alain Brossat, Yuan-Hong Chu, Rada Ivekovic, Joyce C. H. Liu (orgs.), *Biopolitics, Ethics and Subjectivation*. Paris: Éditions l'Harmattan, col. "Esthétiques", 2011.

LIVROS EM JAPONÊS (não traduzidos)

Imi no hate no tabi – kyōkai no hihyō [viagem ao fim dos sentidos – uma crítica às fronteiras]. Tōkyō: Seidosha – 1985 『意味の果てへの旅——境界の批評』、青土社、1985年。

Kaze no apokaripusu [apocalipse do vento]. Tōkyō: Seidosha, 1985 『風のアポカリプス』、青土社、1985年。

Soto no etika – tayōtai no shisō [ética do fora – um pensamento do múltiplo]. Tōkyō: Seidosha 1986 『外のエティカ——多様体の思想』、青土社、1986年。

Konseikei – shi to hihyō [sistema do caos – a morte e a crítica]. Tōkyō: Seidosha, 1988 『混成系——死と批評』、青土社、1988年。

Yotei fuchōwa – kyōkai no shōsetsu [desarmonia pré-estabelecida - romance de fronteira]. Tōkyō: Kawade shobō shinsha, 1991 『予定不調和——境界の小説』、河出書房新社、1991年。

Hizuke nonai danpen kara [dos fragmetos sem data]. Tōkyō: Shoshi-Yamada, 1992 『日付のない断片から』、書肆山田、1992年。

Monogatari to hichi [narração e não saber]. Tōkyō: Shoshi-Yamada, 1993 『物語と非知』、書肆山田、1993年。

June no kiseki [o milagre de Genet]. Tōkyō: Nihon Bungeisha, 1994 『ジュネの奇蹟』、日本文芸社、1994年。

D – shi to imaaju [D. – a morte e a imagem]. Tōkyō: Seidosha, 1986 『D – 死とイマージュ』、青土社、1996年

Arutoo – shikō to shintai [Artaud – pensamento e corpo]. Tōkyō: Hakusuisha, 1997 『アルトー——思考と身体』、白水社、1997年

Shi to kenryoku no aida [entre a poesia e o poder]. Tōkyō: Gendai shichō-sha, 1999 『詩と権力のあいだ』、現代思潮社、1999年。

Tasharon josetsu [discurso sobre o outro]. Tōkyō: Shoshi-Yamada, 2000 『他者論序説』、書肆山田、2000年

Douruuzu – Ryūdō no tetsugaku [Deleuze: filosofia do fluxo]. Tōkyō: Kōdansha sensho mechie, 2001 『ドゥルーズ——流動の哲学』、講談社選書メチエ、2001年

Hanrekishi-ron [contra a história]. Tōkyō: Serika shobō, 2003 『反歴史論』（せりか書房）2003年。

Jan June, miburi to naizai heimen [Jean Genet, movimento e plano de imanência]. Tōkyō: Ibunsha, 2004 『ジャン・ジュネ 身振りと内在平面』、以文社、2004年。

Hakyoku to uzu no kōsatsu [reflexão sobre a catástrofe e o turbilhão]. Tōkyō: Iwanami shoten, 2004 『破局と渦の考察』、岩波書店、2004年。

"Tannaru sei no" no tetsugaku – Sei no shisō no yukue [filosofia de uma vida simples]. Tōkyō: Heibon-sha, 2005 『＜単なる生＞の哲

学——生の思想のゆくえ』、平凡社、2005年。

Eizō-shintai ron [imagem e corpo]. Tōkyō: Misuzu shobō, 2008 『映像身体論』、みすず書房、2008年。

Haan to Yakumo [Hearn e Yakumo]. Tōkyō: Kadokawa Haruki jimusho, 2009 『ハーンと八雲』、角川春樹事務所、2009年。

Douruuzu – mure to kesshō [Deleuze, multidão e cristal]. Tōkyō: Kawade bukkusu, 2012 『ドゥルーズ——群れと結晶』、河出ブックス、2012年。

Amerika, heterotopia [América, heterotopia]. Tōkyō: Ibun-sha 2013 『アメリカ、ヘテロトピア』、以文社、2013年。

Yoshimoto Takaaki – rengoku no sahō [Takaaki Yoshimoto, a maneira no purgatório]. Tōkyō: Misuzu shobō, 2013. 『吉本隆明——煉獄の作法』、みすず書房、2013年。

Chōkō no tetsugaku – shisō no motifu 26 [Filosofia do sintoma – 26 razões de pensar]. Tōkyō: Seido-sha, 2015. 『兆候の哲学——思想のモチーフ26』、青土社、2015年

—

EM INGLÊS

The Genesis of an Unknown Body, transl. ing. Melissa McMahon. Helsinki: n-1 publications, 2012.

EM PORTUGUÊS

A gênese de um corpo desconhecido, trad. bras. Christine Greiner, Ernesto Filho e Fernanda Raquel. São Paulo: n-1 edições, 2012.

ANTONIN ARTAUD. *Lettres de Rodez*, co-trad. Suzuki Sōshi. Tōkyō: Hakusuisha, 1998.

___. *Pour en finir avec le jugement de dieu*, co-trad. Suzuki Sōshi. Tōkyō: Kawade bunko, 2006.

___. *Recueil des derniers écrits*, v. 1, co-trad. Okamoto Ken. Tōkyō: Kawade shobō shinsha, 2007.

SAMUEL BECKETT: *Compagnie*. Tōkyō: Shoshi-Yamada, 1990.

___. *Mal vu mal dit*. Tōkyō: Shoshi-Yamada, 1991.

___. *Pour finir encore*, co-trad. Takahashi Yasunari. Tōkyō: Shoshi-Yamada, 1997.

SAMUEL BECKETT & GILLES DELEUZE: *L'Epuisé*, co-trad. Takahashi Yasunari. Tōkyō: Hakusuisha 1994

GILLES DELEUZE: *Foucault*. Tōkyō: Kawade shobō shinsha, 1987.

___. *Le Pli, Leibniz et le baroque*. Tōkyō: Kawade shobō shinsha, 1998.

___. *L'île déserte – 1953-1968*. Tōkyō: Kawade shobō shinsha, 2003.

___. *Deux régimes de fous - 1975-1982*. Tōkyō: Kawade shobō shinsha, 2004.

___. *Deux régimes de fous – 1983-1995*. Tōkyō: Kawade shobō shinsha, 2004.

___. *L'Image-temps*, co-trad. Ishihara Yōichirō, Ezawa Kenichirō, Ōhara Masashi, Okamura Tamio. Tōkyō: Hōsei University shuppan-kyoku, 2006.

___. *Francis Bacon, Logique de la sensation*. Tōkyō: Kawade shobō shinsha, 2016.

___. *Lettres et autres textes*, co-trad. Hori Chiaki. Tōkyō: Kawade shobō shinsha, 2016.

GILLES DELEUZE & FÉLIX GUATTARI: *Mille plateaux – Capitalisme et Schizophrénie*, co-trad. Toyosaki Kōichi, Morinaka Takaaki, Tanaka Toshihiko, Ozawa Akihiro, Miyabayashi Hiroshi. Tōkyō: Kawade shobō shinsha, 1994.

___. *L'Anti-Œdipe*. Tōkyō: Kawade shobō shinsha, 2006.

JAN FABRE: *Je suis sang*. Tōkyō: Shoshi Yamada, 2007.

FÉLIX GUATTARI: *Ritournelles*, co-trad. Matsumoto Junichirō. Tōkyō: Misuzu shobō 2014.

JEAN GENET: *La Sentence*. Tōkyō: Misuzu shobō, 2012.

___. *Miracle de la Rose*. Tōkyō: Kōbunsha koten shinyaku bunko, 2016.

—

OBRAS COLETIVAS

Douruuzu ōdan (*Traversée de Deleuze*), Uno Kuniichi dir., Kawade shobō shinsha, 1994『ドゥルーズ横断』、編集、河出書房新社、1994年。

Mainoriti wa sōzō-suru (*Les Minorités créent*), co-dir. Noya Fumiaki, Serika shobō, 2001『マイノリティは創造する』、野谷文昭共編、せりか書房、2001年。

Amerika / shūkyō / sensō (*Amérique / religion / guerre*), dialogue avec Nishitani Osamu, Ukai Satoshi, Serika shobō, 2003『アメリカ・宗教・戦争』、西谷修、鵜飼哲共著、せりか書房、2003年。

DH Rorensu to Amerika / Teikoku (*DH Lawrence et l'Amérique /Empire*), co-écrit. Tomiyama Takao, Tateishi Hiromichi, Tatsumi Takayuki, Keiō gijuku University shuppan-sha, 2008.『D.H.ロレンスとアメリカ/帝国』富山太佳夫、立石弘道、巽孝之編、慶應義塾大学出版会、2008年。

Douruuzu, Chikaku, Imeeji (*Deleuze, perception, image*), Uno Kuniichi dir., Serika shobō, 2015.『ドゥルーズ・知覚・イメージ』宇野邦一編著、せりか書房、2015年。

Dados Internacionais de Catalogação na Publicação (CIP) de acordo com ISBD

U58h   Uno, Kuniichi

Hijikata Tatsumi: pensar um corpo esgotado / Kuniichi Uno ; traduzido por Christine Greiner, Ernesto Filho. — São Paulo : n-1 edições, 2018.
272 p. : il. ; 16cm x 21cm.

Tradução de: Hijikata Tatsumi - Penser un corps epuise
Inclui bibliografia, índice e anexo.
ISBN: 978-85-66943-52-8

1. Arte – Filosofia 2. Biopolítca 3. Corpo e arte 4. Dança
5. Linguagem corporal 6. Movimento 7. Teatro I. Greiner, Christine.
II. Ernesto Filho III. Título.

CDD 701

12-03821   CDU 7

Elaborado por Vagner Rodolfo da Silva - CRB-8/9410

Índice para catálogo sistemático
1. Arte do corpo : Ensaios : Filosofia 701

n-1

O livro como imagem do mundo é de toda
maneira uma ideia insípida. Na verdade não
basta dizer Viva o múltiplo, grito de resto difícil
de emitir. Nenhuma habilidade tipográfica,
lexical ou mesmo sintática será suficiente para
fazê-lo ouvir. É preciso fazer o múltiplo, não
acrescentando sempre uma dimensão superior,
mas, ao contrário, da maneira mais simples, com
força de sobriedade, no nível das dimensões
de que se dispõe, sempre n-1 (é somente assim
que o uno faz parte do múltiplo, estando
sempre subtraído dele). Subtrair o único da
multiplicidade a ser constituída; escrever a n-1.

Gilles Deleuze e Félix Guattari